会计信息化技能实训教程

——畅捷通 T3+云平台版

刘 颖 王 治 主 编

严 珮 张金菊 任 冰 副主编

清华大学出版社

北 京

内 容 简 介

本书以《小企业会计准则》为基础，采用新税率和最新的财税政策(截至 2021 年 12 月 31 日)进行编写，以畅捷通 T3(云平台)各功能模块为大纲进行会计信息化软件教学，并以企业案例进行综合实训，全部经济业务以原始凭证呈现，高度还原工作场景。

本书主要内容包括：会计信息化认知、系统安装与管理、系统基础设置、总账及报表模块、工作模块、固定资产模块、购销存模块、综合实训。

本书可作为职业院校会计相关专业的会计信息化课程教材，亦可作为会计软件应用竞赛指导用书。

图书在版编目(CIP)数据

会计信息化技能实训教程：畅捷通 T3+云平台版 / 刘颖，王治主编. —北京：清华大学出版社，2022.8
ISBN 978-7-302-61274-2

Ⅰ. ①会…　Ⅱ. ①刘…　②王…　Ⅲ. ①会计信息—财务管理系统—高等职业教育—教材　Ⅳ. ①F232

中国版本图书馆 CIP 数据核字(2022)第 117128 号

责任编辑：刘金喜
封面设计：范惠英
版式设计：孔祥峰
责任校对：成凤进
责任印制：宋　林

出版发行：清华大学出版社
　　　　　网　　　址：http://www.tup.com.cn，http://www.wqbook.com
　　　　　地　　　址：北京清华大学学研大厦 A 座　　　　　　邮　　　编：100084
　　　　　社 总 机：010-83470000　　　　　　　　　　　　邮　　　购：010-62786544
　　　　　投稿与读者服务：010-62776969，c-service@tup.tsinghua.edu.cn
　　　　　质 量 反 馈：010-62772015，zhiliang@tup.tsinghua.edu.cn
印 装 者：三河市金元印装有限公司
经　　销：全国新华书店
开　　本：185mm×260mm　　　印　　张：19.25　　　字　　数：480 千字
版　　次：2022 年 8 月第 1 版　　　印　　次：2022 年 8 月第 1 次印刷
定　　价：68.00 元

产品编号：094666-01

前 言

2014年10月，财政部颁布了《财政部关于全面推进我国会计信息化工作的指导意见》(以下简称《意见》)，该《意见》贯彻国家信息化发展战略，全面推进我国会计信息化工作，进一步深化会计改革，充分发挥会计在经济社会发展中的作用。

2021年4月13日，习近平总书记对职业教育做出重要指示，强调职业教育前途广阔、大有可为。多地教育部门也提出要实现"普职比" 1:1 的目标，职业教育学生数量必将保持稳定增长。财经专业作为职业教育的重要组成部分，近年来也迎来了智能化、财务云等变革。会计信息化(会计电算化)作为财经专业主干核心课程，是所有财经专业必开课程之一，现已有部分高中专院校采用了云平台授课，实现了课堂教学、实习实训、教学评价的云端化、智能化，提高了教学效率，但还有部分院校因条件有限仍在采用 T3 软件进行教学。

本书是笔者主持东莞市级课题《基于校企合作共建实训基地的中职会计专业实践教学改革研究》的研究成果，同时也是中等职业院校会计技能大赛成果转化配套教材。本书以《小企业会计准则》为基础，采用新税率和最新的财税政策，以畅捷通 T3(云平台)各功能模块为大纲进行编写，各功能模块一般按"实训目标""实训准备""实训任务""实训指导"顺序展开，并且给出了"巩固练习"，以任务驱动教学，坚持从实际出发，最大限度地贴近实际工作。

本书特色如下。

(1) 采用《小企业会计准则》，培养服务中小微企业的会计工作者。职业学校培养的学生大部分服务于中小微型企业，教材内容符合学生就业实际需求。

(2) 采用新税率、新财税政策。2019年4月1日增值税新税率开始执行，至今陆续有新的财税政策颁布，本书在业务编写时充分考虑了新的财税政策，如旅客运输服务进项税抵扣政策和新的《个人所得税法》等。

(3) 兼顾 T3 软件和云平台，教学资源丰富。本书一方面配备了传统的 T3 账套，用于满足采用传统 T3 软件教学的学校；另一方面配备了云平台教学题库资源，可为采用云平台教学的学校提供便利的教学评价与教学考核。未采购云平台的学校亦可申请"畅捷教育云平台"资源，以实现云教学、云实训、云测评。

课程激活说明：登录畅课堂 https://c.chanjet.com/，注册后进入"我的课程"→"开通课程"，输入本书封底激活码，即可激活课程。

本书还配备了教案、PPT、微课视频等教学资源，教案和 PPT 资源可通过扫描下方二维码下载，微课视频可通过扫描书中二维码观看。

教学资源

(4) 教学+实训+竞赛辅导。本书主体采用知识模块体系编写，最后一个模块是以企业实际业务为内容的综合实训案例，该案例采用原始凭证呈现，形式上与实际工作和省市技能大赛的会计软件应用项目一致，同时满足教学、实训和竞赛辅导需要。

本书可作为中高职院校会计相关专业会计信息化课程教材和省市会计技能竞赛辅导教材，也可供会计软件应用人员参考。

本书由东莞市商业学校刘颖老师和深圳市第一职业技术学校王治老师担任主编，东莞市商业学校严珮老师、佛山市顺德区陈登职业技术学校张金菊老师、江门市第一职业高级中学任冰老师担任副主编。具体分工如下：刘颖编写模块七和模块八，王治编写模块四，严珮编写模块一、模块二和模块三，任冰编写模块五和模块六，张金菊编写所有模块的"巩固练习"内容。

本书在编写过程中得到了畅捷通信息技术股份有限公司刘海峰经理、东莞市鸿仁财税服务有限公司农慧芬经理和广东天勤企业服务有限公司徐振刚经理的大力支持，在此表示诚挚的感谢！

由于编者水平有限，书中存在错漏之处在所难免，恳请广大读者批评指正。

编　者
2022 年 4 月

目　录

模块一　会计信息化认知 ………………………………………………………… 1
　　任务一　会计信息化概述 …………………………………………………… 1
　　任务二　熟悉会计信息化系统载体 ………………………………………… 3
　　巩固练习 ……………………………………………………………………… 5

模块二　系统安装与管理 ………………………………………………………… 7
　　任务一　系统安装 …………………………………………………………… 7
　　　　【实训准备】 …………………………………………………………… 7
　　　　【实训任务】 …………………………………………………………… 8
　　任务二　启动注册与增加操作员 …………………………………………… 9
　　　　【实训准备】 …………………………………………………………… 9
　　　　【实训任务】 …………………………………………………………… 10
　　　　【实训指导】 …………………………………………………………… 10
　　任务三　建立账套 …………………………………………………………… 11
　　　　【实训准备】 …………………………………………………………… 11
　　　　【实训任务】 …………………………………………………………… 12
　　　　【实训指导】 …………………………………………………………… 13
　　任务四　操作员与账套管理 ………………………………………………… 17
　　　　【实训准备】 …………………………………………………………… 17
　　　　【实训任务】 …………………………………………………………… 18
　　　　【实训指导】 …………………………………………………………… 18
　　巩固练习 ……………………………………………………………………… 22

模块三　系统基础设置 …………………………………………………………… 25
　　任务一　基础档案整理 ……………………………………………………… 25
　　任务二　基础信息设置 ……………………………………………………… 26
　　　　【实训准备】 …………………………………………………………… 26
　　　　【实训任务】 …………………………………………………………… 31
　　　　【实训指导】 …………………………………………………………… 38
　　巩固练习 ……………………………………………………………………… 46

模块四 总账及报表模块 ·· 49

    任务一 总账模块初始设置 ··· 51

        【实训准备】 ··· 51

        【实训任务】 ··· 53

        【实训指导】 ··· 58

    任务二 总账模块日常业务处理 ··· 60

      活动一 填制凭证 ··· 60

        【实训准备】 ··· 60

        【实训任务】 ··· 62

        【实训指导】 ··· 64

      活动二 转账定义与生成 ··· 67

        【实训准备】 ··· 67

        【实训任务】 ··· 69

        【实训指导】 ··· 69

      活动三 查询凭证 ··· 72

        【实训准备】 ··· 72

        【实训任务】 ··· 74

        【实训指导】 ··· 74

    任务三 总账模块期末处理 ··· 77

      活动一 出纳签字 ··· 77

        【实训准备】 ··· 77

        【实训任务】 ··· 77

        【实训指导】 ··· 77

      活动二 审核记账 ··· 78

        【实训准备】 ··· 78

        【实训任务】 ··· 79

        【实训指导】 ··· 79

      活动三 期间损益结转 ··· 81

        【实训准备】 ··· 81

        【实训任务】 ··· 81

        【实训指导】 ··· 81

      活动四 对账和结账 ··· 84

        【实训准备】 ··· 84

        【实训任务】 ··· 85

        【实训指导】 ··· 85

    任务四 报表编制 ··· 87

      活动一 编制自定义报表 ··· 87

        【实训准备】 ··· 87

        【实训任务】 ··· 90

【实训指导】 ··· 91

活动二 利用模板编制报表 ······························· 95

【实训任务】 ··· 95

【实训指导】 ··· 95

❧ 巩固练习 ❧ ·· 97

░ 任务一 总账模块初始设置 ···························· 97

░ 任务二 总账模块日常业务处理 ···················· 98

░ 任务三 总账模块期末处理 ···························· 100

░ 任务四 报表编制 ·· 102

模块五 工资模块 ··· 105

░ 任务一 工资模块初始化 ······························· 105

【实训准备】 ··· 105

【实训任务】 ··· 107

【实训指导】 ··· 110

░ 任务二 工资模块日常业务处理 ···················· 116

活动一 计算职工工资 ···································· 116

【实训准备】 ··· 116

【实训任务】 ··· 117

【实训指导】 ··· 118

活动二 结转职工薪酬 ···································· 120

【实训准备】 ··· 120

【实训任务】 ··· 120

【实训指导】 ··· 121

░ 任务三 工资模块期末处理 ···························· 122

活动一 月末结账 ·· 122

【实训准备】 ··· 122

【实训任务】 ··· 123

【实训指导】 ··· 123

活动二 工资账表查询 ···································· 124

【实训准备】 ··· 124

【实训任务】 ··· 124

【实训指导】 ··· 124

❧ 巩固练习 ❧ ·· 125

░ 任务一 工资模块初始化 ······························· 125

░ 任务二 工资模块日常业务处理 ···················· 126

░ 任务三 工资模块期末处理 ···························· 127

模块六 固定资产模块 ··· 129

░ 任务一 固定资产模块初始化 ························· 129

活动一　固定资产模块初始化设置·································129
【实训准备】···129
【实训任务】···131
【实训指导】···132
活动二　录入固定资产原始卡片·································138
【实训准备】···138
【实训任务】···138
【实训指导】···139
任务二　固定资产模块日常业务处理·································140
活动一　固定资产增加·································140
【实训准备】···140
【实训任务】···140
【实训指导】···141
活动二　固定资产减少·································142
【实训准备】···142
【实训任务】···142
【实训指导】···142
活动三　固定资产变动·································143
【实训准备】···143
【实训任务】···143
【实训指导】···143
活动四　计提折旧·································144
【实训准备】···144
【实训任务】···145
【实训指导】···145
任务三　固定资产模块期末处理·································146
活动一　批量制单·································146
【实训准备】···146
【实训任务】···146
【实训指导】···146
活动二　月末对账与结账·································149
【实训准备】···149
【实训任务】···149
【实训指导】···150
✂ 巩固练习 ✂·································150
任务一　固定资产模块初始化·································150
任务二　固定资产模块日常业务处理·································152
任务三　固定资产模块期末处理·································152

模块七　购销存模块……………………………………………………………………**155**

　🔲 **任务一　购销存模块初始化**………………………………………………………156

　　【实训准备】………………………………………………………………………156

　　【实训任务】………………………………………………………………………160

　　【实训指导】………………………………………………………………………164

　🔲 **任务二　采购模块业务处理**…………………………………………………………174

　　活动一　采购日常业务………………………………………………………………175

　　【实训准备】………………………………………………………………………175

　　【实训任务】………………………………………………………………………177

　　【实训指导】………………………………………………………………………178

　　活动二　采购特殊业务………………………………………………………………211

　　【实训准备】………………………………………………………………………211

　　【实训任务】………………………………………………………………………211

　　【实训指导】………………………………………………………………………212

　🔲 **任务三　销售模块业务处理**…………………………………………………………223

　　活动一　销售日常业务………………………………………………………………224

　　【实训准备】………………………………………………………………………224

　　【实训任务】………………………………………………………………………225

　　【实训指导】………………………………………………………………………226

　　活动二　销售特殊业务………………………………………………………………246

　　【实训准备】………………………………………………………………………246

　　【实训任务】………………………………………………………………………246

　　【实训指导】………………………………………………………………………246

　🔲 **任务四　库存模块业务处理**…………………………………………………………251

　　活动一　入库业务……………………………………………………………………251

　　【实训准备】………………………………………………………………………251

　　【实训任务】………………………………………………………………………251

　　【实训指导】………………………………………………………………………252

　　活动二　出库业务……………………………………………………………………253

　　【实训准备】………………………………………………………………………253

　　【实训任务】………………………………………………………………………253

　　【实训指导】………………………………………………………………………253

　　活动三　其他业务……………………………………………………………………254

　　【实训准备】………………………………………………………………………254

　　【实训任务】………………………………………………………………………254

　　【实训指导】………………………………………………………………………254

　🔲 **任务五　核算模块业务处理**…………………………………………………………258

　　【实训准备】………………………………………………………………………258

　　【实训任务】………………………………………………………………………259

【实训指导】 ………………………………………………………………………259

░ 任务六　购销存模块期末处理 ………………………………………………259

【实训准备】 ………………………………………………………………………259

【实训任务】 ………………………………………………………………………260

【实训指导】 ………………………………………………………………………261

🕮 巩固练习 🕮 ………………………………………………………………………267

░ 任务一　购销存模块初始化 …………………………………………………267

░ 任务二　采购模块业务处理 …………………………………………………268

░ 任务三　销售模块业务处理 …………………………………………………269

░ 任务四　库存模块业务处理 …………………………………………………270

░ 任务五　核算模块业务处理 …………………………………………………270

░ 任务六　购销存模块期末处理 ………………………………………………271

模块八　综合实训 ……………………………………………………………………273

模块一 »

会计信息化认知

【实训目标】
1. 了解会计信息化的相关概念
2. 能够简述会计信息化的发展历程
3. 掌握会计信息化的特征
4. 能够描述会计信息化软件各模块功能及相互关系

任务一　会计信息化概述

一、会计信息化的概念

会计信息化是会计工作与信息技术的有机融合，是信息社会对企业财务信息管理提出的一个新要求，是企业会计顺应信息化浪潮所做出的必要举措。它是网络环境下企业管理者获取信息的主要渠道，有助于增强企业的竞争力，解决会计电算化存在的"信息孤岛"问题，提高会计管理决策能力和企业管理水平。纵观 20 多年来中国会计信息化的发展，虽然信息系统的功能不断增强，应用也越来越普及，尤其是大、中型企业目前已不同程度地实现了会计信息化，应用了核算型会计软件，但从总体来看，中国会计信息化还处在发展过程中，存在着诸多亟待解决的问题。

会计信息化是指将会计信息作为管理信息资源，全面运用以计算机、网络通信为主的信息技术对其进行获取、加工、传输、应用等处理，为企业经营管理、控制决策和经济运行提供充足、实时、全方位的信息。会计信息化是信息社会的产物，是未来会计的发展方向。会计信息化不只是将计算机、网络、通信等先进的信息技术引入会计学科，与传统的会计工作相融合，在业务核算、财务处理等方面发挥作用，它还包含更深的内容，如会计基本理论信息化、会计实务信息化、会计教育信息化、会计管理信息化等。

二、会计信息化的发展历程

1. 会计信息化的第一次浪潮(1979—1996年)

我国会计信息化应用起步于 20 世纪 70 年代末,1979 年财政部拨款 500 万元给长春第一汽车制造厂进行计算机辅助会计核算试点,开启了将现代信息技术应用于会计领域的序幕。20 世纪 80 年代开始,我国改革开放步入快速发展的轨道,市场经济体制逐步建立,市场经济环境促使会计不断变革,同时也对提供及时、准确、完整的会计信息提出了新的需求。个人计算机和局域网技术的问世,为企业开创会计信息化提供了必要的硬件环境,掀起了我国会计信息化事业的第一次浪潮,企业会计信息化事业进入了由单项会计数据处理(EDP)阶段到部门级会计信息系统的发展阶段。

2. 会计信息化的第二次浪潮(1997—2007年)

20 世纪 90 年代中后期,我国改革开放进入了深化发展时期。在国际经济舞台上,伴随着我国加入 WTO,企业面临全方位的国际和国内市场竞争,使企业更注意管理与决策,以及对市场信息的获取,部门级会计信息系统所生产的会计信息是"滞后"和"孤立"的,已无法满足企业管理的需求,企业越来越深刻地认识到:信息系统、数字化管理是提高企业市场竞争力的重要平台和手段。同时,网络技术的发展,特别是互联网的问世和应用,为开展企业整体信息化提供了 IT 环境,掀起了我国会计信息化事业的第二次浪潮。ERP 系统席卷了信息化市场,推动了企业级财务业务一体化会计信息系统的应用和发展。作为企业管理信息系统的一个子系统,企业级的会计信息系统在功能、结构和性能上比部门级会计信息系统更加完备和优化。

3. 会计信息化的第三次浪潮(2008年—至今)

21 世纪,互联网、移动通信、物联网、云计算、大数据等技术的应用推动了网络时代的发展和知识经济时代的到来,会计信息化步入了以规范化、标准化、知识化、智能化、互联化、云端化、社会化、产业化为主要标志的会计信息化第三次浪潮的变革时代。2008 年 11 月 12 日,财政部联合工业和信息化部、中国人民银行、国家税务总局、国资委、审计署、银监会、证监会和保监会成立的全国会计信息化委员会暨 XBRL(extensible business reporting language,可扩展商业报告语言)中国地区组织为起点,发布了一系列信息化的指导意见、发展纲要、系列标准及其实施通知等,为发展和规范我国会计信息化事业起到了核心作用。

三、会计信息化的特征

1. 普遍性

会计信息化的普遍性,是指会计的所有领域(包括会计理论、会计工作、会计管理、会计教育等)要全面运用现代信息技术。目前,在上述领域中,后三个方面有不同程度的运用,而且可以说是起步晚、发展快、成效大。但在会计理论方面相对滞后,准确地讲,现阶段会计信息化赖以存在的还是传统的会计理论,既没有修正传统的会计理论体系,也没有构建起适应现代信息技术发展的完善的会计理论体系。

2. 集成性

会计信息化将对传统会计组织和业务处理流程进行重整,以支持"虚拟企业""数据银行"等新的组织形式和管理模式。这一过程的出发点和终结点就是实现信息的集成化。信息集成包括三个层面：一是在会计领域实现信息集成，即实现财务会计和管理会计之间的信息集成，协调和解决会计信息真实性和相关性的矛盾；二是在企业组织内部实现财务和业务的一体化，即集成财务信息和业务信息，在两者之间实现无缝连接，使财务信息和业务信息做到"你中有我，我中有你"；三是建立企业组织与外部利益关系人(如客户、供应商、银行、税务、财政、审计等)的信息网络，实现企业组织内外信息系统的集成。信息集成的结果是信息共享，企业组织内外与企业组织有关的所有原始数据只要输入一次，就能做到分次利用或多次利用，既减少了数据输入的工作量，又实现了数据的一致性，还保证了数据的共享性。建立在会计信息化基础上的 21 世纪会计信息系统是与企业组织内外信息系统有机整合的、高度数字化、多元化、实时化、个性化、动态化的信息系统，它具有极强的适应力。

3. 动态性

动态性，又称为实时性或同步性。会计信息化在时间上的动态性表现如下：第一，会计数据的采集是动态的。无论是企业组织外部的数据(如发票、订单)，还是企业组织内部的数据(如入库单、产量记录)，也无论是局域数据还是广域数据，一旦发生，都将存入相应的服务器，并及时送到会计信息系统中等待处理。第二，会计数据的处理是实时的。在会计信息系统中，会计数据一经输入系统，就会立即触发相应的处理模块。对数据进行分类、计算、汇总、更新、分析等一系列操作，以保证信息动态地反映企业组织的财务状况和经营成果。第三，会计数据采集和处理的实时化、动态化。会计数据采集、输入、处理的实时性使得会计信息的发布、传输和利用能够实时化、动态化，会计信息的使用者也就能够及时地做出管理决策。

4. 渐进性

现代信息技术对会计模式重构具有主观能动性。但是，这种能动性的体现是一个渐进的过程，具体应分三步。第一步，以信息技术去适应传统会计模式，即建立核算型会计信息系统，实现会计核算的信息化。第二步，现代信息技术与传统会计模式相互适应，表现为：传统会计模式为适应现代信息技术而对会计理论、方法进行局部的小修小改；扩大所用技术的范围(从计算机到网络)及所用技术的运用范围(从核算到管理)，实现会计管理的信息化。第三步，以现代信息技术去重构传统会计模式，以形成现代会计信息系统，实现包括会计核算信息化、会计管理信息化和会计决策支持信息化在内的会计信息化。

▨ 任务二 熟悉会计信息化系统载体

会计软件是会计信息系统的核心，是会计信息化的主要手段和工具，是实现会计信息化的主要载体。会计软件是指以会计理论和会计方法以现行会计制度、税法、财政法规为依据，利用计算机及其应用技术，对企业的经济业务进行核算、运算并输出的软件系统。

一、会计信息化软件的功能模块

完整的会计软件应包含以下几个模块(以畅捷通 T3 软件为例)。

1. 总账系统模块

总账系统模块是各软件模块的纽带和中心环节，其他各功能模块所生成的凭证都汇集在总账模块，利用该模块可完成凭证录入、审核、记账、银行对账、结账、账表查询等工作。

2. 出纳系统模块

出纳系统模块的主要作用是：完成企业日常出纳业务的核算和管理；支持支票登记簿查询；拥有独立日记账；可实现现金、银行日记账的录入，以及银行对账单的录入和导入；可以与银行对账并生成银行存款余额调节表。

3. 工资管理模块

利用工资管理模块可完成员工工资录入、工资核算、工资发放、工资费用的汇总与分摊、个人所得税的计算等工作。

4. 固定资产管理模块

利用固定资产管理模块可进行固定资产卡片管理、资产增减变动、转移、折旧计提、折旧分配等一系列操作，同时可以将固定资产按类别、使用情况、所属部门等进行分析、统计和查询等。

5. 采购管理模块

采购(付款)管理模块用于核算材料采购相关业务，可进行采购订单、采购发票、采购入库单、采购付款单等的填制，与核算管理模块配合使用，可核算采购成本。

6. 销售管理模块

销售(收款)管理模块用于核算销售相关业务，可进行销售订单、销售发货单、销售发票、销售收款单等的填制，与核算管理模块配合使用，可核算销售成本。

7. 库存管理模块

库存管理模块用于管理存货相关业务，可对采购入库单和销售出库单进行审核，填制材料出库单、销售出库单及其他出入库单，还可进行存货的盘点和调拨。该模块与核算管理模块配合使用，可核算存货成本。

8. 核算管理模块

核算管理模块用于对购销单据进行记账，可对采购、销售、库存业务进行制单，将所生成的凭证传递到总账，还可对各仓库进行月末处理，核算各存货成本。

9. 财务报表模块

财务报表模块可根据会计核算的数据生成各种数据表格。该模块预置了多个行业模板，支持新会计准则，能及时准确地出具资产负债表、利润表、现金流量表等财务报表，大幅度减轻了财务工作人员的工作量。

各软件模块之间的关系，如图 1-1 所示。

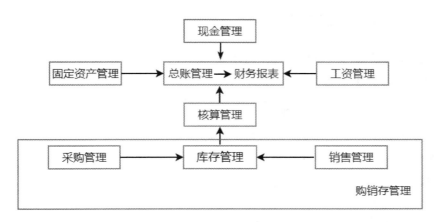

图1-1 各软件模块之间的关系

二、会计软件云端化

随着云时代的到来，云应用出现在各个行业，当"云计算"与"财务"相遇就有了云财务，"云财务软件"与"传统会计软件"两者本质上都是会计软件，最基本的功能都是记账。各大软件公司也都开发了自己的云财务软件，如"畅捷通好会计""柠檬云会计""金蝶精斗云""浪潮云会计"等。

为适应会计信息化教学，畅捷通信息技术股份有限公司也开发了 T3 云平台，其功能与 T3 相似。本书中各功能模块的操作截图均来自畅捷通 T3 云平台。

∞ 巩固练习 ∽

一、单选题

1. 会计电算化系统中核心子系统是(   )。
   A. 总账系统　　　　　B. 库存管理系统　　　C. 财务报表系统　　　D. 工资管理系统
2. 会计信息系统的核心是(   )。
   A. 硬件　　　　　　　B. 运行规程　　　　　C. 操作系统　　　　　D. 会计软件
3. 下列关于会计信息化特征说法错误的是(   )。
   A. 从会计信息化的要求看，就是现代信息技术在会计理论、会计工作、会计管理、会计教育诸领域的广泛应用，并形成完整的应用体系
   B. 会计信息化将传统会计组织和业务处理流程进行重整，以支持"虚拟企业""数据银行"等新的组织形式和管理模式
   C. 动态性，又称为实时性或同步性
   D. 会计数据的采集是静态的
4. 下列不属于会计信息化特征的是(   )。
   A. 静态性　　　　　　B. 普遍性　　　　　　C. 集成性　　　　　　D. 动态性

5. 下列关于会计信息化的渐进性表述不正确的是(　　)。

    A. 以信息技术去适应传统会计模式

    B. 以传统会计模式去适应现代信息技术

    C. 现代信息技术与传统会计模式相互适应

    D. 以现代信息技术去重构传统会计模式，以形成现代会计信息系统

二、多选题

1. 以下属于会计信息化特征的有(　　)。

    A. 集成性　　　　　　　B. 普遍性　　　　　　C. 动态性　　　　　　D. 渐进性

2. 会计信息化的产生(　　)。

    A. 是会计数据处理手段的变革　　　　B. 对手工会计处理的冲击很明显

    C. 没有什么实际意义　　　　　　　　D. 对会计理论和实务产生了深远的影响

3. 会计信息化的动态性表现为(　　)。

    A. 会计数据的采集是动态的

    B. 会计数据的处理是实时的

    C. 会计数据采集和处理的实时化、动态化

    D. 会计数据的采集是静态的

4. 下列属于会计核算软件功能模块的有(　　)。

    A. 出纳系统　　　　　　　　　　　　B. 总账系统

    C. 固定资产管理系统　　　　　　　　D. 财务分析系统

5. 下列属于出纳系统模块功能的有(　　)。

    A. 支票登记簿查询　　　　　　　　　B. 结账

    C. 银行日记账的录入　　　　　　　　D. 银行对账单录入

三、判断题

1. 会计软件中包含的各个功能模块是相互独立的。　　　　　　　　　　　　　(　　)

2. 手工会计和电算化会计的会计目标是一致的。　　　　　　　　　　　　　　(　　)

3. 会计信息化与会计电算化没有明显的边界，两者都是以科学技术为特征。　　(　　)

4. 会计信息系统是企业单位生产会计信息的"工厂"，包括数据的采集、数据的加工处理和会计信息输出。而会计信息化号召会计工作者积极采用计算机、网络等信息技术，并在此基础上生产出能带来增值的会计信息。　　　　　　　　　　　　　　　　　　　　(　　)

5. 会计电算化注重会计信息的处理，会计信息化则注重会计信息的共享和深度作用，两者没什么区别。　　　　　　　　　　　　　　　　　　　　　　　　　　　　　　　　　(　　)

模块二 ≫

系统安装与管理

【实训目标】
1. 了解会计信息化系统安装的软硬件环境
2. 能够安装畅捷通T3软件
3. 能够根据企业具体情况进行建账
4. 能够正确增加操作员并合理授权
5. 熟练掌握账套管理
6. 能够区分系统管理员与账套主管权限的不同

任务一　系统安装

【实训准备】

一、系统安装环境

1. 硬件环境

畅捷通 T3——企业管理信息化软件行业专版(营改增版)的主机配置要求：CPU P4/1.0GB 或以上；内存 512GB 或以上；硬盘 10GB 或以上；至少有一个光驱。

2. 软件环境

系统软件包括操作系统和数据库系统。其中操作系统选择 SQL Sever 2000 作为数据库。常见的支持畅捷通 T3 软件的操作系统如表 2-1 所示。

表2-1　常见的支持畅捷通T3软件的操作系统

操作系统	客户端	单机模式
Windows 2000 Sever + Sp4	支持	支持
Windows 2003 Sever + Sp1	支持	支持
Windows 2000 professional + Sp4	支持	支持
Windows XP + Sp2(Sp3)	支持	支持
Windows 7(企业版或旗舰版)	支持	支持
Windows 2008	支持	支持

二、系统安装前的注意事项

(1) 安装前操作系统所在的磁盘分区剩余空间应大于 180M。

(2) 计算机名称中不能带有"—"等特殊字符，不能以中文、数字开头，最好用英文。

(3) 畅捷通 T3 软件不能和用友通及其他类似版本的软件在同一个操作系统中。

(4) 安装前关闭防火墙和实时监控系统。

三、系统安装步骤

(1) 打开 T3 安装程序中的"MSDE 2000"文件夹，双击"setup.exe"应用程序进入数据库安装界面。

(2) 根据系统提示完成数据库安装，然后重新启动计算机。

(3) 打开 T3 安装程序中的"T3——企业管理信息化软件行业专版"文件夹，双击"setup.exe"应用程序，进入软件安装界面。

(4) 单击"下一步"按钮，进入"软件许可证协议"界面，选中"我接受许可证协议中的条款(A)"文本框。

(5) 单击"下一步"按钮，进入"客户信息"界面，设置用户名及公司名称。

(6) 单击"下一步"按钮，选择安装路径。

(7) 单击"下一步"按钮，默认安装选项设置，系统进行环境检测后，进入"准备安装"界面。

(8) 单击"下一步"按钮，进入安装状态，系统安装完毕后，选中"是，立即重新启动计算机"文本框，并单击"完成"按钮。

(9) 重启后，便会在桌面上生成"系统管理"和"T3——企业管理信息化软件行业专版"两个图标，即安装成功。

【实训任务】

安装系统(使用云平台教学的学校无须安装)。

任务二　启动注册与增加操作员

【实训准备】

畅捷通 T3(云平台)软件有多个子系统，各子系统服务于企业管理的不同层面。各子系统相对独立又紧密联系，它们共用一个企业数据库，拥有公共的基础信息、相同的账套。系统管理是管理软件运行的基础，可以对整个管理软件进行统一管理，例如，账套及年度账的建立、修改、删除和备份，操作员及权限的管理等。

一、账套管理

每一个独立核算的企业都有一套完整的账簿体系，把这样一套完整的账簿体系建立在计算机系统中就是一个账套。在畅捷通 T3(云平台)软件中，可以为多个企业建立账套，最多可建立 999 个账套，每个账套编号不可重复。

账套管理功能一般包括建立账套、修改账套、备份账套、删除账套、恢复账套等，以上功能由系统管理员(admin)来处理。

二、操作员及权限管理

操作员指有权登录系统并对系统进行业务处理或操作的特定人员。企业在应用会计信息化软件时，首先应指定各系统授权的操作人员，并对操作人员的权限进行明确规定，以避免与业务无关的人员进入系统，同时也可以对系统所包含的各个功能模块的操作进行协调。操作员的增设、删除、修改只能由系统管理员(admin)来处理。

权限管理就是对允许登录系统的操作员进行操作权限的控制，严禁越权操作的行为发生。

三、系统启用

系统启用是指会计软件系统中的各子系统开始使用的日期，只有启用的子系统才能被使用。系统启用有两种方式，一是在企业建账完成后立即进行系统启用，二是在建账结束后由账套主管在"系统管理"中进行系统启用。

※ 思维拓展

系统管理员与账套主管

鉴于系统管理模块在整个会计信息系统中的地位和重要性，需要对登录"系统管理"的人员做出严格界定。系统只允许以两种身份注册进入"系统管理"，即系统管理员和账套主管。但两者的职责有以下区别。

系统管理员：管理计算机中的所有账套。系统管理员可对账套进行建立、备份、恢复和输出，设置操作员，指定账套主管，设置和修改操作员的权限和密码等。

账套主管：各账套主管由系统管理员指定，只管理其负责的特定账套。账套主管可对企业年度账进行管理、为该账套内的操作员分配权限等。另外，建账后的子系统只能由账套主管启用。

【实训任务】

将计算机时间修改为 2021 年 1 月 1 日，以系统管理员(admin)身份启动并注册"系统管理"。

【实训指导】

(1) 双击桌面右下角的时间选项，将时间修改为 2021 年 1 月 1 日，如图 2-1 所示。

图2-1　修改计算机时间

(2) 双击桌面"系统管理"图标，执行"系统"→"注册"命令，如图 2-2 所示。

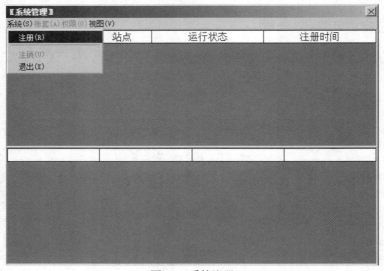

图2-2　系统注册

(3) 以系统管理员(admin)身份注册，密码为空，单击"确定"按钮，如图2-3所示。

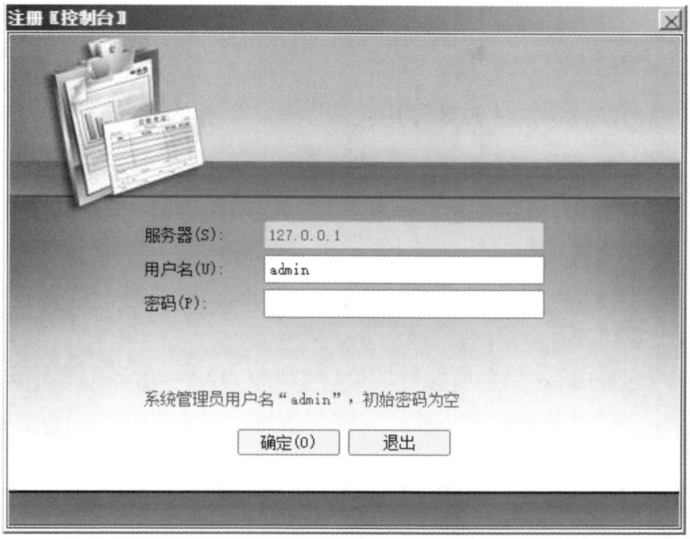

图2-3　系统登录

任务三　建立账套

【实训准备】

一、账套的概念

账套是指存放会计核算对象的所有会计业务数据文件的总称，账套中包含的文件有会计科目、记账凭证、会计账簿、会计报表等。建立账套时需要根据企业的具体情况和核算要求设置相关信息。账套信息主要包括账套号、账套名称、单位名称及单位基本情况、行业性质、账套启用日期、启用会计期间、往来客户、存货分类管理、记账本位币、编码规则、数据核算精度等。

二、建账的主要工作内容

为了方便操作，会计信息系统中大都设置了建账向导，用来引导用户建账。在建立账套时，需要向系统提供以下信息。

1. 账套信息

(1) 账套号：因为一个会计信息系统可以建立多个企业账套，所以必须设置账套号作为唯一的区分标识，因此账套号不可重复。

(2) 账套名称：一般是企业名称，账套名称与账套号是一一对应的关系。

(3) 账套路径：用来指明账套在计算机中的存储位置，为方便使用，系统预置了默认的存储路径，但也可自行更改。

(4) 启用会计期间：企业开始使用会计软件处理会计业务的日期，一般要指定年、月。

2. 单位信息

单位信息包括单位名称、单位简称、地址、邮政编码、法人代表、联系方式等。其中，单位名称是必填项，因为在打印发票时要使用企业全称，其余全部使用单位简称。

3. 核算类型

(1) 记账本位币：记账本位币是企业必须明确指定的，一般系统默认为人民币，以外币为记账本位币的企业可以另行选择某种外币作为记账本位币。

(2) 企业类型：企业类型是区分不同企业业务类型的必要信息，选择不同的企业类型，系统在业务处理范围上有所不同。本书选择的是工业类型。

(3) 行业性质：行业性质是企业所执行的会计制度。系统一般预置了不同行业的一级科目，在此基础上，客户可以根据本单位的实际需要增减和修改必要的明细科目。本书企业执行的是《小企业会计准则》。

(4) 账套主管：建账前未增加账套操作员的，系统默认以"demo"为账套主管；设置了操作员的可指定人员作为账套主管。

4. 基础信息

基础信息包括存货是否分类、客户是否分类、供应商是否分类、有无外币核算，根据企业实际要求对以上信息进行勾选，建账完成后也可以账套主管身份进行修改。

5. 编码方案

编码方案是对企业关键核算对象进行分类级次及各级编码长度的指定，可分级设置的内容包括科目编码、客户分类编码、部门编码、地区分类编码、存货分类编码、货位编码、收发类别编码、结算方式编码、供应商分类编码。以应交税费——增值税(进项税额)为例，若采用 4-2-2 编码，则进项税额的会计科目代码为"22210101"，其中，2221 是一级科目代码，第一个 01 是应交增值税代码，第二个 01 是进项税额代码。编码符号能唯一地确定被标识的对象，除了会计科目的一级编码不能修改外，其他的编码方案都可以根据实际要求进行修改。

6. 数据精确度

数据精确度是指定义数据保留的小数位数，即在核算过程中对数量、单价等的小数位进行取舍。

【实训任务】

根据以下资料，以系统管理员(admin)身份建立账套，并启用总账系统。

1) 账套信息

账套号：000

账套名称：广州市华美手表制造有限公司

启用会计期间：2021 年 1 月

2) 单位信息

单位名称：广州市华美手表制造有限公司

单位简称：华美手表

单位地址：广州市海珠区新港西路 48 号新港大厦一层

法人代表：肖建军

联系电话：020-81394478

税号：914401005046882925

3) 核算类型

企业类型：工业

行业性质：小企业会计准则(2013 年)(按行业性质预置科目)

账套主管：陈量一

4) 基础信息

供应商、客户不分类，存货分类，无外币核算

5) 编码方案

科目编码级次：4-2-2-2

6) 系统启用

"总账"模块启用会计期间为"2021 年 1 月 1 日"

【实训指导】

(1) 在"系统管理"窗口，执行"账套"→"建立"命令，如图 2-4 所示。

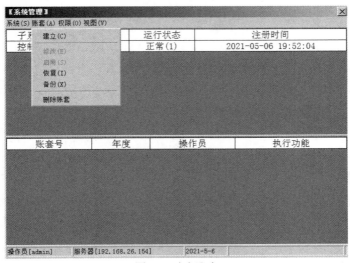

图2-4　建立账套

(2) 录入账套信息，如图 2-5 所示。

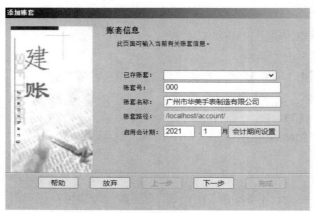

图2-5 账套信息

(3) 单击"下一步"按钮，进行单位信息设置，如图 2-6 所示。

图2-6 单位信息

(4) 单击"下一步"按钮，进行核算类型设置，如图 2-7 所示。

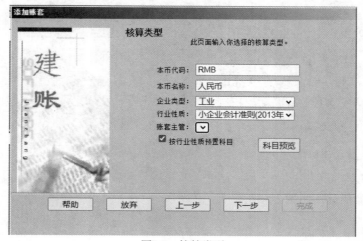

图2-7 核算类型

(5) 单击"下一步"按钮，进行基础信息设置，如图 2-8 所示。

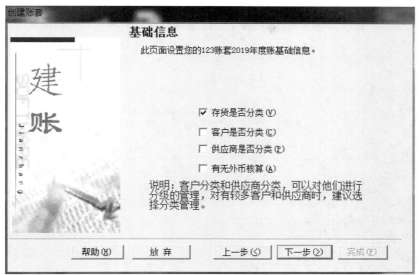

图2-8　基础信息

(6) 单击"完成"按钮，进入"编码级次"窗口。设置科目编码级次为 4-2-2-2，其他级次采用系统默认方案，如图 2-9 所示。

项目	最大级数	最大长度	单级最大长度	是否分类	第1级	第2级	第3级	第4级	第5级	第6级	第7级	第8级	第9级
科目编码级次	9	15	9	是	4	2	2	2					
客户分类编码级次	5	12	9	否	2								
部门编码级次	5	12	9	是	1	2							
地区分类编码级次	5	12	9	是	2	3	4						
存货分类编码级次	8	12	9	否	2								
货位编码级次	8	20	9	是	1	1	1	1	1	1	1	1	
收发类别编码级次	3	5	5	是	1	1	1						
结算方式编码级次	2	3	3	是	1	2							
供应商分类编码级次	5	12	9	否	2								

说明：背景色为灰色的，用户不能调整

✔ 确认　　✘ 取消

图2-9　编码级次

(7) 单击"确认"按钮，进入"数据精确度定义"窗口，全部采用系统默认的小数位，如图 2-10 所示。

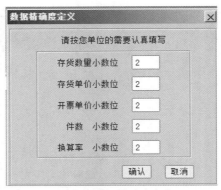

图2-10　数据精确度定义

(8) 单击"确认"按钮，成功创建账套，如图 2-11 所示。

(9) 单击"确定"按钮，系统弹出"提示信息"对话框，如图 2-12 所示。

图2-11　建账成功

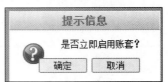

图2-12　提示信息

(10) 单击"确定"按钮，进入"系统启用"窗口，启用"总账"模块，设置启用会计期间为"2021 年 1 月 1 日"，如图 2-13 所示。

图2-13　系统启用

任务四　操作员与账套管理

【实训准备】

一、操作员管理

操作员指有权登录系统并对系统进行操作的人员，每次注册和登录系统都要进行身份验证。操作员管理包括操作员的增加、修改、删除和注销。

1. 增加操作员

只有系统管理员有权限增加操作员。操作员的基本信息包括编号、姓名、口令和所属部门。

编号是系统区分不同操作人员的唯一标识，是必填项。操作员编号在系统中必须唯一，不同账套的操作员编号也不能重复。

姓名会出现在其处理的票据和凭证上，因此应录入真实姓名，若出现名字相同的操作员需要以不同标识予以区分。

口令是操作员进行系统登录时的密码，口令可由数字、字母或特殊符号组成。第一次登录系统时由系统管理员为每个操作员赋予一个密码，操作员登录系统后应立即设置新密码，并每隔一段时间更换一次密码，以确保密码安全。系统要求操作员输入两次口令，以验证正确性，两次输入的口令必须一致。口令可以为空，教学中建议设置为空。

2. 修改、删除、注销操作员

设置的操作员一旦登录过系统，便不能被修改或删除，所以"修改"和"删除"只能对未启用的操作员进行，另外还可以设置操作员处于"有效"(启用)或"注销"(无效)状态。

3. 操作员授权

前面谈及的系统管理员(admin)和账套主管都有权设置操作员的权限，不同的是，系统管理员可以指定或取消某一个操作员为某一个账套的主管，也可以对系统中所有账套的操作员进行授权；而账套主管的权限只局限于他所管辖的账套，在该账套内账套主管默认拥有全部权限，可以对本账套的操作员进行权限设置。

账套权限分为两个级别，即模块权限和明细权限。每个模块内有多个明细权限。系统管理员或账套主管可根据工作岗位和内部控制要求设置操作员的权限，可以为一个操作员赋予几个模块的权限，也可以赋予一个操作员某个模块的部分权限。例如，会计岗位应拥有总账模块的全部权限，双击总账一级权限，系统会将所有明细权限授予会计，但根据内部控制要求，需取消会计岗位的"审核凭证"和"出纳签字"权限，这时可在明细权限中找到这两项权限，双击取消授权。

二、账套管理

账套建立后的管理包括账套的修改、备份、恢复和删除。其中，系统管理员负责账套的备份、恢复和删除，账套主管负责账套的修改。

1. 修改账套

修改账套是指账套建立完成后，在未使用相关信息时，对某些已设定的内容进行修改。需要注意的是，只有账套主管有权修改账套，部分信息(如账套号、启用会计期间)无法修改。

2. 备份、恢复账套

账套备份是指将数据备份到硬盘或其他存储介质。此操作主要是保证数据安全，以免计算机故障等不可抗力性导致系统数据损坏。

恢复账套是指将系统外的某账套数据引入本系统中。恢复账套时，备份数据会将硬盘中现有的相同账套数据全部覆盖，需要谨慎操作。

3. 删除账套

当账套不再使用需要删除时，可由系统管理员在强行备份后，删除账套。

【实训任务】

(1) 根据表 2-2 以系统管理员(admin)身份增加操作员并设置其操作权限。

表2-2　操作员权限分配表

编号	姓名	岗位	权限
101	陈量一	账套主管	全部权限
102	陈鹏	会计	公用目录设置、固定资产、工资、往来、财务报表、应收、应付、核算、采购、销售、库存、总账中除"审核凭证""出纳签字"和"恢复记账前状态"外的所有权限
103	何飞武	出纳	总账中的"出纳签字"和"现金管理"权限

(2) 以系统管理员(admin)身份对 000 账套进行备份。

(3) 以系统管理员(admin)身份对已备份的 000 账套进行恢复。

【实训指导】

(1) 双击"系统管理"图标，进入"系统管理"窗口，如图 2-14 所示。

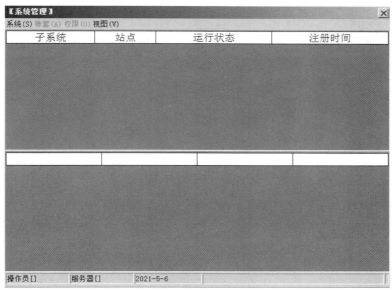

图2-14 启动系统管理

(2) 以系统管理员(admin)身份注册系统管理，密码为空，如图 2-15 所示。

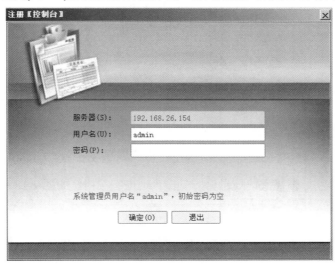

图2-15 注册系统管理

(3) 在"系统管理"窗口，执行"权限"→"操作员"命令，如图 2-16 所示，进入"操作员管理"窗口。

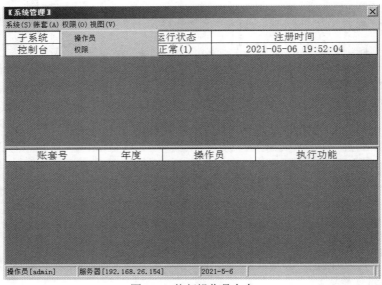

图2-16　执行操作员命令

(4) 单击"增加"按钮,输入第一个操作员陈量一的信息后,单击"增加"按钮,保存当前资料并开始录入下一个操作员的信息,如图 2-17 所示。

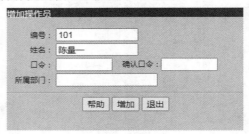

图2-17　增加操作员

(5) 依次录入陈鹏、何飞武的信息后,单击"退出"按钮,如图 2-18 所示。

图2-18　全部操作员设置

(6) 以系统管理员(admin)身份登录系统管理,执行"权限"→"权限"命令,进入"权限"窗口。

(7) 选择"101"操作员并勾选上方"账套主管"复选框,将 101 操作员设为账套主管,如图 2-19 所示。

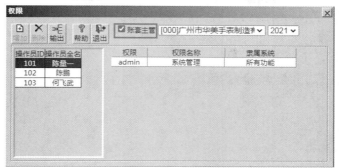

图2-19 账套主管权限设置

(8) 选择"102"操作员,单击"增加"按钮,设置 102 操作员的操作权限,如图 2-20 所示。

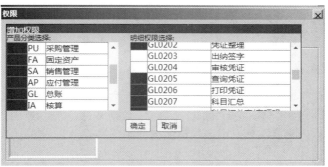

图2-20 增加102操作员权限

(9) 再选择"103"操作员,单击"增加"按钮,设置 103 操作员的操作权限,如图 2-21 所示。

图2-21 增加103操作员权限

(10) 以系统管理员(admin)身份进入系统管理,执行"账套"→"备份"命令,在"备份账套"窗口中,选择要备份的账套,单击"备份导出"按钮,如图 2-22 所示。

图2-22 备份账套

(11) 以系统管理员(admin)身份进入系统管理，执行"账套"→"恢复"命令，单击"选择文件"按钮，选择账套文件，如图 2-23 所示。若系统中存在相同账套，则提示是否覆盖。账套恢复后，单击"完成"按钮。

图2-23　恢复账套

巩固练习

一、单选题

1. 账套是用于存放核算单位会计数据的实体，一个账套代表一个(　　)。
  A. 核算项目　　　　　B. 会计期间　　　　C. 数据文件　　　　D. 核算单位

2. 系统参数又称为账套选项，用以规定如何使用账务系统，但其中不包括(　　)。
  A. 报表规则　　　　　B. 凭证规则　　　　C. 账簿规则　　　　D. 会计日历

3. 电算主管在初始化时就要逐一为每一个操作员进行权限分配，进入日常处理之后，如果工作发生变化，(　　)还可以随时对操作员增加权限或取消某些权限。
  A. 软件操作员　　　B. 电算维护员　　　C. 电算主管　　　　D. 单位领导

4. 关于会计主管，下列说法不正确的是(　　)。
  A. 会计主管的名字必须在初始化过程中设置
  B. 会计主管的口令必须在初始化过程中设置
  C. 会计主管的权限可以在权限功能中自行调整
  D. 账套主管自动拥有所在模块的所有操作权限

5. 在长度相同的情况下，用户密码破译难度最大的是(　　)。
  A. 由单一的数字组成的密码　　　　　　B. 由单一的字母组成的密码
  C. 由英文大写字母组成的密码　　　　　D. 由字母、数字、特殊符号混合组成的密码

6. 用户设置必须且只能由担当系统管理员的(　　)进行。
  A. 电算维护员　　　B. 电算主管　　　C. 单位领导　　　　D. 软件操作员

7. 操作人员的口令(　　)。
  A. 不能自己修改，只能由会计主管修改 B. 能够自己修改，也能由会计主管修改
  C. 不能修改，只能删除　　　　　　　　D. 口令的长度可以由用户任意设置

8. 下列关于数据恢复的叙述，正确的是(　　)。
  A. 每次上机操作前必须要进行一次数据恢复
  B. 当硬盘数据丢失或被删除时才进行数据恢复
  C. 上机操作的人员均应具有此功能

D. 在进行数据恢复前，不用进行数据备份

9. 某企业使用了 4-2-2-2 的会计科目的编码方案，则 10010101 科目是(　　)。

　　A. 一级科目　　　　　B. 二级科目　　　　C. 三级科目　　　　D. 四级科目

10. 下列不是系统管理员主要功能的是(　　)。

　　A. 建立账套　　　　　B. 修改账套　　　　C. 设置操作员　　　D. 指定账套主管

二、多选题

1. 账套管理功能一般包括(　　)。

　　A. 建立账套　　　　　B. 修改账套　　　　C. 备份账套

　　D. 删除账套　　　　　E. 恢复账套

2. 下列可以注册进入系统管理的人员有(　　)。

　　A. 单位负责人　　　　B. 账套主管　　　　C. 出纳　　　　　　D. 系统管理员

三、判断题

1. 各账套主管由系统管理员指定，只管理其负责的特定账套。　　　　　　　　(　　)

2. 一个会计软件通常只允许建立一个套账，并代表不同的会计主体。　　　　　(　　)

3. 操作人员权限在初始化确定以后，操作人员仍然可以在系统使用过程中修改。(　　)

4. 操作人员不能将口令告诉他人，但在特殊情况下，口令密码可向领导汇报。　(　　)

5. 会计科目代码一般使用数字进行编码。　　　　　　　　　　　　　　　　　(　　)

6. 每个会计账套都必须指定人民币作为记账本位币，如果发生外币业务则需要将外币折算为人民币。　　　　　　　　　　　　　　　　　　　　　　　　　　　　　　　(　　)

7. 账套是用于存放核算单位会计数据的实体，一个账套代表一个核算单位，一个会计软件通常允许同时建立多个套账。　　　　　　　　　　　　　　　　　　　　　　　(　　)

8. 编码方案是对企业关键核算对象进行分类级次及各级编码长度的指定。　　　(　　)

9. 操作权限由电算主管设置，一般操作员无权进行修改。　　　　　　　　　　(　　)

10. 系统初始化的作用是通过对系统进行设置，将一个通用账务处理系统转化为满足企业需求的专用系统。　　　　　　　　　　　　　　　　　　　　　　　　　　　　　　(　　)

模块三 >>

系统基础设置

【实训目标】
1. 了解基础档案设置的主要内容
2. 熟练掌握各项基础档案设置的方法
3. 掌握会计科目的设置
4. 掌握项目目录的设置

▒ 任务一 基础档案整理

企业信息化管理系统安装后是没有任何数据的，需要进行基础档案的设置，如员工档案、部门档案、客户档案、供应商档案、存货档案等。账套相关人员要根据企业实际情况，做好基础档案的整理并将其录入系统。

在使用系统前，需要准备的基础档案如表 3-1 所示。

表3-1 基础档案

基础档案分类	目录	作用
机构设置	部门档案	设置与企业财务核算和管理相关的部门
	职员档案	设置企业的各个部门中需要对其核算和业务管理的职员信息
往来单位	客户分类	用于进行业务数据的统计、分析
	客户档案	用于进行客户管理和业务数据的录入、统计、分析
	供应商分类	用于进行业务数据的统计、分析
	供应商档案	用于进行供应商管理和业务数据的录入、统计、分析
	地区分类	用于对客户/供应商所属地区进行分类，便于进行业务统计、分析
存货	存货分类	用于进行业务数据的统计、分析
	存货档案	用于进行存货核算、统计、分析和实物管理

(续表)

基础档案分类	目录	作用
财务	会计科目	设置企业核算的科目目录
	凭证类别	设置企业核算的凭证类型
	项目目录	设置企业需要对其进行核算和管理的对象、目录
	外币种类	设置企业用到的外币种类及汇率
收付结算	结算方式	设置资金收付业务中用到的结算方式
	付款条件	设置企业与往来单位协议规定的收付款折扣优惠方法
	开户银行	设置企业在收付结算中对应的开户银行信息
购销存	仓库档案	设置企业存放存货的仓库信息
	收发类别	设置企业入库、出库类别
	采购类型	设置企业在采购存货时的各项业务类型
	销售类型	设置企业在销售存货时的各项业务类型
	产品结构	设置企业产品的父项及子项结构
	费用项目	设置企业涉及的费用项目名称
	发运方式	设置企业发货运输方式
	非合理损耗类型	设置企业非合理损耗类型名称，方便后续核算

任务二　基础信息设置

　　系统中各模块有很多信息是公用的，如部门档案、职员档案、会计科目等，还有一些信息是部分模块特有的，如收发类别、仓库档案等为购销存模块所特有。本节的主要任务是设置公共基础档案，特别是设置与财务系统相关的基础档案。

【实训准备】

一、机构设置

1. 部门档案

　　部门是指与企业财务核算或业务管理相关的职能单位，不一定与企业实际部门完全吻合。设置企业部门档案的目的是便于按部门进行数据汇总和分析。部门档案一般包括部门编码、部门名称、负责人、部门属性、电话等。

2. 职员档案

　　职员档案一般包括职员编号、名称、所属部门等，设置职员档案以便对职员进行记录、查询和统计，以及进行个人往来核算。

二、往来单位

1. 客户分类

当企业往来客户较多时，可以按照一定标准对客户进行分类管理，以便分类统计与汇总，可以根据合作时间将客户分为长期客户、中期客户和短期客户，也可以按信息等级分类，还可以按客户所属行业分类。

2. 客户档案

客户是企业的重要资源，客户档案按客户信息类别分类，被存放于"基本""联系""信用"和"其他"选项卡中。

(1) "基本"选项卡中主要记录客户的基本信息，如客户编号、客户名称、客户简称、税号等。客户名称与客户简称的用法有所不同：客户名称要输入客户全称，用于销售发票的打印；客户简称主要用于录入业务单据时屏幕上的参照显示。如果企业为一般纳税人，必须输入税号，否则专用销售发票中的税号栏为空。

(2) "联系"选项卡中几乎包括了企业的各种联系方式，还可以记录该客户默认的发货地址、发货方式和发货仓库。

(3) "信用"选项卡中记录有关客户信用的相关数据，有些数据是根据本企业的信用政策，结合该客户往年的销售量及信用情况评定计算的，如折扣率、信用等级等；有些数据与应收账款系统直接相连，如应收余额、最后交易日期、最后交易金额、最后收款日期、最后收款金额等。它们都反映了该客户的当前信用情况。

(4) "其他"选项卡中记录了客户的专管部门、专管业务员等信息。

客户档案必须建立在最末级客户分类之下。

3. 供应商分类

当企业的往来供应商较多时，可以按照某种分类标准对供应商进行分类管理，如根据地区、行业等进行分类，以便分类统计和汇总。

4. 供应商档案

供应商档案与客户档案相似，包含了与业务处理环节相关的大量信息，被存放于"基本""联系""信用"和"其他"四个选项卡中。

5. 地区分类

如果需要对客户或供应商按地区进行统计，则应建立地区分类体系。

三、存货

1. 存货分类

企业可以根据实际情况将存货按类别(如原材料、库存商品、包装物等)进行分类。

2. 存货档案

存货档案被存放于"基本""成本""信用"和"其他"四个选项卡中。"基本"选项卡中登记存货编号、名称、计量单位、所属分类码、税率、存货属性等。其中存货属性包含销售、外购、生产耗用、自制、在制、劳务费用六个属性，需要根据产品特点进行选择。

四、财务

1. 会计科目

设置会计科目是会计核算的方法之一，用于分门别类地反映企业经济业务。会计科目的设置必须满足会计报表编制的要求，凡是报表中需要从总账系统中取得数据的项目，必须设立相应的科目。设置会计科目是填制会计凭证、记账、编制报表等各项工作的基础。

1) 增加会计科目

系统通常会提供预置的会计科目。用户可以引入系统提供的预置会计科目，在此基础上根据需要增加会计科目。增加会计科目时，应遵循"自上而下"的原则，即先设置上级会计科目，再设置下级会计科目。

(1) 科目编码：增加的会计编码必须遵循建账时设定的会计科目编码方案，以便于反映上下级会计科目间的逻辑关系。

(2) 科目名称：会计科目名称可以是汉字、英文字母、数字等符号，但不能为空，并且不能重复。

(3) 科目类型：按照《小企业会计准则》要求，会计科目按其性质划分为资产类、负债类、所有者权益类、成本类和损益类五种类型。由于一级科目编码的首位数字与科目类型有直接的对应关系，即科目大类代码 1=资产类、2=负债类、3=所有者权益类、4=成本类、5=损益类，系统可根据科目编码自动识别科目类型。

(4) 账页格式：用于定义该会计科目在账簿打印时的默认打印格式，可以分为金额式、数量金额式、外币金额式等。一般情况下，有外币核算的科目可设为外币金额式，有数量核算的科目可设为数量金额式，既有外币又有数量核算的科目可设为外币数量式，既无外币又无数量核算的科目可设为金额式。

(5) 外币核算：用于设定该会计科目核算是否有外币核算。有外币核算的科目，需要选择外币种类。一个科目只能核算一种外币。

(6) 数量核算：用于设定该会计科目是否有数量核算。如果有数量核算，则需要设定数量计量单位。计量单位可以是任何汉字或字符，如千克、件、吨等。

(7) 科目性质(余额方向)：用于定义该会计科目余额默认的方向。一般情况下，资产类、成本类、费用类会计科目的余额方向为借方，负债类、权益类、收入类会计科目的余额方向为贷方。

(8) 辅助核算：用于设置会计科目是否有其他核算要求。系统为企业提供多样化的信息辅助核算，一般包括部门核算、个人往来核算、客户往来核算、供应商往来核算、项目核算等。一般收入和费用类科目可设置部门核算；与客户的往来科目(如应收账款、应收票据、预收账款)可设置客户往来核算；应付账款、应付票据、预付账款可设置供应商往来核算；在建工程及收入成本类科目可设置项目核算，用于按项目归集收入或成本费用。一个科目可同时设置两种辅助核算。但个人往来核算不能与其他项目一同设置，客户往来核算与供应商往来核算不能一同设置。辅助核算必须设在末级科目上，有些科目可以在末级科目和上级科目上同时设置辅助核算。系统不允许只在上级科目上设置辅助核算。

(9) 日记账和银行账：在手工核算下，只对现金和银行存款科目记日记账；而在计算机环境下，企业可以根据管理需要对任意科目记日记账。对于银行科目需要设置银行账。

(10) 受控系统：系统提供空白(即不受控任何子系统)、应收、应付、核算四个可选项，选择了受控系统的科目只能在所选子系统中生成凭证。

2) 修改和删除会计科目

如果需要对已建立会计科目的某些属性进行修改，可以通过"修改"功能来完成。如果会计科目未经使用，可通过"删除"功能来删除。删除会计科目应遵循"自下而上"的原则，即先删除末级科目，再删除上级科目。

3) 指定会计科目

指定会计科目是指定出纳的专管科目，一般指现金科目和银行存款科目。指定科目后才能执行出纳签字，才能查看库存现金和银行存款日记账。

※ 思维拓展

删除科目

(1) 已录入期初余额或已制单使用过的会计科目不能删除，若想删除，则要先删除期初余额及涉及该科目的会计凭证。

(2) 非末级会计科目不能删除。

(3) 被指定为"现金总账科目"或"银行总账科目"的会计科目不能删除，若想删除必须先取消指定。

---

2. 凭证类别

一般而言，凭证类别可分为收款凭证、付款凭证和转账凭证。业务量少的单位可不分类，只设置"记账凭证"一种类别。

3. 项目目录

对于不同的企业来说，项目的具体含义有所不同。例如，房地产公司，一个建设工程就是一个项目；一家培训机构，一次培训就是一个项目。总之，项目可以是工程、订单、产品，可以把需要单独计算成本或收入的对象都视为项目。为了便于管理，对于每个项目大类可以进行细分，在最末级明细分类下再建立具体的项目档案。为了在业务发生时将数据准确归入对应的项目，需要在项目和已设置为项目核算的科目间建立对应关系。

项目设置的步骤如下。

(1) 定义项目大类。项目大类包括项目大类名称、定义项目级次和定义项目栏目三项。

(2) 指定核算科目。指定核算科目就是具体指定需要进行项目核算的会计科目，建立项目与核算科目之间的对应关系。

(3) 定义项目分类。定义项目下的具体分类，如将产品分为"A产品"和"B产品"等。

(4) 定义项目目录。定义项目目录是将各个项目大类中的具体项目录入系统。具体录入的内容取决于项目栏目中拟定义的栏目名称或数据。

※ 思维拓展

项目设置与客户档案设置的对比学习如表3-2所示。

表3-2　项目设置与客户档案设置的对比学习

对比项目	项目设置步骤	客户档案设置步骤
科目准备	相关科目设置为"项目核算"	相关科目设置为"客户核算"
项目大类定义	项目大类名称	——
	定义项目级次	客户分类的级次
	定义项目栏目	——
项目档案	核算科目	——
	项目结构	——
	项目分类定义	客户分类名称
	项目目录	客户档案

4. 外币种类

外币设置是指企业有外币核算业务时，设置所使用的外币币种、核算方法和具体汇率。通常在设置外币时，需要输入币符、币名、固定汇率(或浮动汇率)、记账汇率和折算方式等。

五、收付结算

1. 结算方式

设置结算方式的目的有两个：一是提高银行对账的效率；二是根据业务自动生成凭证时可以识别相关科目。结算方式一般包括现金结算、支票结算、商业汇票、银行汇票、电汇、信汇等。

2. 付款条件

付款条件也叫作现金折扣，用来设置企业在经营过程中与往来单位协议规定的收、付款折扣优惠方法。这种折扣条件通常可表示为"2/10,1/20,n/30"，意思是客户在 10 天内偿还货款，可得到2%的折扣；在 20 天内偿还货款，可得到1%的折扣；在 30 天内偿还货款，则需要按照全额支付货款；在 30 天以后偿还货款，则不仅要按全额支付货款，还可能要支付延期付款利息或违约金。系统最多同时支持四个时间段的折扣。

3. 开户银行

开户银行用于设置企业在收付结算中对应的开户银行信息，系统支持有多个开户行及账号的情况。

六、购销存

本菜单用于设置购销存模块所需的各种基础信息类别，具体细分如下。

(1) 仓库档案：包括原料仓、成品仓、周转材料仓。

(2) 收发类别：可设置入库类别和出库类别。

(3) 采购及销售类型：包括普通采购、特殊采购等。

(4) 产品结构：某一产品所需原材料固定时，生产加工单可自动带出各原材料项目。

(5) 费用项目：可设置运输费、保险费等。

(6) 发运方式：可设置企业发货运输方式，如空运、海运等。

【实训任务】

以账套主管的身份登录信息门户，并对以下公共基础信息进行设置。

(1) 根据表 3-3 完成部门档案基础设置。

表3-3 部门档案

部门编码	部门名称
1	总经理办公室
2	财务部
3	行政部
4	销售采购部
5	加工车间

(2) 根据表 3-4 完成职员档案基础设置。

表3-4 职员档案

职员编号	职员名称	所属部门
101	肖建军	总经理办公室
102	刘明山	总经理办公室
201	陈量一	财务部
202	陈鹏	财务部
203	何飞武	财务部
301	邓小昱	行政部
302	左咏枚	行政部
401	陈铁勇	销售采购部
402	陈晓绮	销售采购部
403	刁端军	销售采购部
501	邓朴遥	加工车间
502	曾向文	加工车间
503	张文辉	加工车间
504	刘军	加工车间
505	马向东	加工车间
506	胡中华	加工车间

(3) 根据表 3-5 完成客户档案基础设置。

表3-5　客户档案

客户编码	客户名称	客户简称	税号	开户银行	银行账号
01	香港时间廊钟表有限公司广州分公司	时间廊钟表	91226689104567789	中国银行天河北路支行	6227582458545675657
02	北京大华贸易有限公司	大华贸易	91226689104567780	中国银行南田路支行	6227582458546675552
03	上海市美云贸易有限公司	美云贸易	91226689104567781	中国银行同福西路支行	6227582458545677757

(4) 根据表 3-6 完成供应商档案基础设置。

表3-6　供应商档案

供应商编码	供应商名称	简称	纳税识别号	开户银行	银行账号
01	广州市花城表带制造有限公司	花城表带	91226689104567822	中国工商银行狮山镇支行	6222027546132621523
02	佛山市朗杰钟表配件制造有限公司	朗杰钟表配件	91224689102555381	中国工商银行桂丹路支行	6222020564789334315
03	佛山市龙腾金属有限公司	龙腾金属	91226189108888999	中国农业银行桂丹路支行	6228175118254832176
04	中国南方电网有限责任公司	南方电网	91226689102222356	中国工商银行海珠支行	6222020564789334322
05	广州市友邦物流有限公司	友邦物流	91227689102111456	中国工商银行白云路支行	6222020564789334320
06	广州市财产保险有限公司	财产保险	91226689102561540	中国银行广州支行	6622020888366208990

(5) 设置凭证类别为"记账凭证"。

(6) 根据表 3-7 完成结算方式基础设置。

表3-7　结算方式

结算方式编码	结算方式名称
1	支票
2	银行汇票
3	商业汇票
4	汇兑

（续表）

结算方式编码	结算方式名称
5	电子缴税
6	网银
7	其他

（7）根据表 3-8 完成付款条件基础设置。

表3-8　付款条件

付款条件编码	付款条件名称	信用天数	优惠天数1	优惠率1	优惠天数2	优惠率2	优惠天数3	优惠率3
01	2/10,1/20,n/30	30	10	2	20	1	30	0

（8）设置开户银行基础信息：本公司的开户银行为工行新港西路支行，银行账号为662202088836620888。

（9）指定会计科目：设置现金总账科目为"库存现金"；设置银行总账科目为"银行存款"。

（10）设置"出纳凭证必须经由出纳签字"总账选项参数，其他默认。

（11）根据表 3-9 完成会计科目基础设置。

表3-9　会计科目

科目编码	科目名称	方向	账页格式	辅助核算
1001	库存现金	借	金额式	日记账
1002	银行存款	借	金额式	日记账/银行账
100201	工行存款	借	金额式	日记账/银行账
1012	其他货币资金	借	金额式	
1101	短期投资	借	金额式	
110101	股票	借	金额式	
110102	债券	借	金额式	
110103	基金	借	金额式	
110110	其他	借	金额式	
1121	应收票据	借	金额式	
1122	应收账款	借	金额式	客户核算
1123	预付账款	借	金额式	供应商核算
1131	应收股利	借	金额式	
1132	应收利息	借	金额式	
1221	其他应收款	借	金额式	
122101	个人借款	借	金额式	个人核算
1401	材料采购	借	金额式	
1402	在途物资	借	金额式	

(续表)

科目编码	科目名称	方向	账页格式	辅助核算
1403	原材料	借	金额式	
140301	表壳	借	数量金额式	数量核算（单位：个）
140302	机芯	借	数量金额式	数量核算（单位：个）
140303	金属表带	借	数量金额式	数量核算（单位：个）
1404	材料成本差异	借	金额式	
1405	库存商品	借	金额式	
140501	EP 女士手表	借	数量金额式	数量核算（单位：块）
140502	EP 男士手表	借	数量金额式	数量核算（单位：块）
1407	商品进销差价	借	金额式	
1408	委托加工物资	借	金额式	
1411	周转材料	借	金额式	
141101	包装盒	借	数量金额式	数量核算（单位：个）
1421	消耗性生物资产	借	金额式	
1501	长期债券投资	借	金额式	
1511	长期股权投资	借	金额式	
1601	固定资产	借	金额式	
1602	累计折旧	贷	金额式	
1604	在建工程	借	金额式	
1605	工程物资	借	金额式	
1606	固定资产清理	借	金额式	
1621	生产性生物资产	借	金额式	
1622	生产性生物资产累计折旧	贷	金额式	
1701	无形资产	借	金额式	
1702	累计摊销	贷	金额式	
1801	长期待摊费用	借	金额式	
1901	待处理财产损溢	借	金额式	
2001	短期借款	贷	金额式	
2201	应付票据	贷	金额式	

（续表）

科目编码	科目名称	方向	账页格式	辅助核算
2202	应付账款	贷	金额式	
220201	一般应付款	贷	金额式	供应商核算
220202	暂估应付款	贷	金额式	
2203	预收账款	贷	金额式	客户核算
2211	应付职工薪酬	贷	金额式	
221101	应付职工工资	贷	金额式	
221102	应付奖金、津贴和补贴	贷	金额式	
221103	应付福利费	贷	金额式	
221104	应付社会保险费	贷	金额式	
221105	应付住房公积金	贷	金额式	
221106	应付工会经费	贷	金额式	
221107	应付教育经费	贷	金额式	
221108	非货币性福利	贷	金额式	
221109	辞退福利	贷	金额式	
221110	其他应付职工薪酬	贷	金额式	
2221	应交税费	贷	金额式	
222101	应交增值税	贷	金额式	
22210101	进项税额	贷	金额式	
22210106	销项税额	贷	金额式	
22210107	进项税额转出	贷	金额式	
222102	未交增值税	贷	金额式	
222103	应交营业税	贷	金额式	
222104	应交消费税	贷	金额式	
222105	应交资源税	贷	金额式	
222106	应交所得税	贷	金额式	
222107	应交土地增值税	贷	金额式	
222108	应交城市维护建设税	贷	金额式	
222109	应交房产税	贷	金额式	
222110	应交城镇土地使用税	贷	金额式	
222111	应交车船使用税	贷	金额式	
222112	应交个人所得税	贷	金额式	
222113	教育费附加	贷	金额式	
222114	矿产资源补偿费	贷	金额式	
222115	排污费	贷	金额式	
222116	增值税留抵税额	贷	金额式	
222117	减免税款	贷	金额式	

（续表）

科目编码	科目名称	方向	账页格式	辅助核算
2231	应付利息	贷	金额式	
2232	应付利润	贷	金额式	
2241	其他应付款	贷	金额式	
224101	养老保险	贷	金额式	
224102	失业保险	贷	金额式	
224103	医疗保险	贷	金额式	
224104	住房公积金	贷	金额式	
2401	递延收益	贷	金额式	
2501	长期借款	贷	金额式	
2701	长期应付款	贷	金额式	
3001	实收资本	贷	金额式	
300101	肖建军	贷	金额式	
300102	刘明山	贷	金额式	
300103	王大为	贷	金额式	
3002	资本公积	贷	金额式	
3101	盈余公积	贷	金额式	
310101	法定盈余公积	贷	金额式	
310102	任意盈余公积	贷	金额式	
3103	本年利润	贷	金额式	
3104	利润分配	贷	金额式	
310401	其他转入	贷	金额式	
310402	提取法定盈余公积	贷	金额式	
310403	提取法定公益金	贷	金额式	
310404	提取职工奖励及福利基金	贷	金额式	
310409	提取任意盈余公积	贷	金额式	
310410	应付利润	贷	金额式	
310415	未分配利润	贷	金额式	
4001	生产成本	借		
400101	直接材料	借		项目核算
400102	直接人工	借		项目核算
400103	制造费用	借		项目核算
4101	制造费用	借	金额式	
4301	研发支出	借	金额式	
4401	工程施工	借	金额式	
4403	机械作业	借	金额式	

科目编码	科目名称	方向	账页格式	辅助核算
5001	主营业务收入	贷	金额式	
5051	其他业务收入	贷	金额式	
5111	投资收益	贷	金额式	
5301	营业外收入	贷	金额式	
530101	政府补助	贷	金额式	
530102	收回坏账损失	贷	金额式	
530103	汇兑收益	贷	金额式	
530104	非流动资产处置净收益	贷	金额式	
5401	主营业务成本	借	金额式	
5402	其他业务成本	借	金额式	
5403	税金及附加	借	金额式	
5601	销售费用	借	金额式	
560101	商品维修费	借	金额式	
560102	广告费	借	金额式	
560103	业务宣传费	借	金额式	
560104	交通费	借	金额式	
560105	通信费	借	金额式	
560106	业务招待费	借	金额式	
560107	员工工资	借	金额式	
560110	折旧	借	金额式	
560111	差旅费	借	金额式	
5602	管理费用	借	金额式	
560201	开办费	借	金额式	
560202	业务招待费	借	金额式	
560203	研究费用	借	金额式	
560204	交通费	借	金额式	
560205	通信费	借	金额式	
560206	水电费	借	金额式	
560207	房屋租赁费	借	金额式	
560208	员工活动费	借	金额式	
560209	员工工资	借	金额式	
560210	折旧	借	金额式	
560211	无形资产摊销	借	金额式	
560212	办公费	借	金额式	

(续表)

科目编码	科目名称	方向	账页格式	辅助核算
5603	财务费用	借	金额式	
560301	利息费用	借	金额式	
560302	手续费用	借	金额式	
560303	现金折扣	借	金额式	
560304	汇兑损失	借	金额式	
5711	营业外支出	借	金额式	
571101	坏账损失	借	金额式	
571102	无法收回的长期债券投资损失	借	金额式	
571103	无法收回的长期股权投资损失	借	金额式	
571104	自然灾害等不可抗力因素造成的损失	借	金额式	
571105	税收滞纳金	借	金额式	
5801	所得税费用	借	金额式	

(12) 根据表 3-10 完成项目目录设置。

表 3-10　项目目录

项目大类	成本核算	
核算科目	直接材料、直接人工、制造费用	
项目分类	1 EP 女士手表	2 EP 男士手表
项目目录	01 EP 女士手表	02 EP 男士手表

【实训指导】

(1) 输入或选择以下信息：用户名"101"；密码"空"；账套"000"；会计年度"2021"；操作日期"2021-01-01"，如图 3-1 所示。

图3-1　主管注册

（2）执行"基础设置"→"机构设置"→"部门档案"命令，进入"部门档案"窗口，录入部门信息后，单击"保存"按钮，如图 3-2 所示。

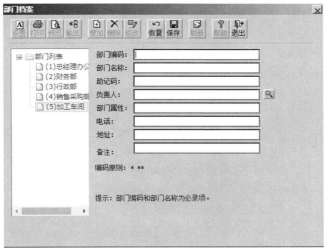

图3-2 设置部门档案

（3）执行"基础设置"→"机构设置"→"职员档案"命令，进入"职员档案"窗口。录入完一个职员的信息后，单击"增加"按钮即可进入下一个职员的信息录入界面，如图 3-3 所示。

图3-3 设置职员档案

（4）执行"基础设置"→"往来单位"→"客户档案"命令，进入"客户档案"窗口，单击"增加"按钮，进入"客户档案卡片"窗口，录入信息后，单击"保存"按钮即可进入下一个客户的档案录入界面，如图 3-4 所示。

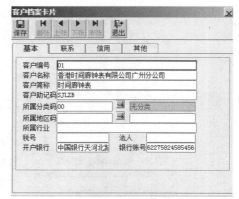

图3-4 设置客户档案

(5) 执行"基础设置"→"往来单位"→"供应商档案"命令，进入"供应商档案"窗口，单击"增加"按钮，进入"供应商档案卡片"窗口，录入信息后，单击"保存"按钮即可进入下一个供应商的档案录入界面，如图 3-5 所示。

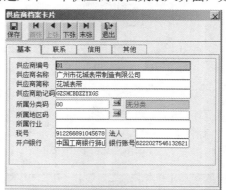

图3-5 设置供应商档案

(6) 执行"基础设置"→"财务"→"凭证类别"命令，进入"凭证类别预置"窗口，选择记账凭证分类方式后，单击"确定"按钮，进入"凭证类别"窗口，再单击"保存"按钮，如图 3-6 所示。

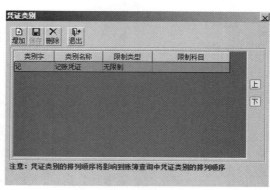

图3-6 设置凭证类别

　　(7) 执行"基础设置"→"收付结算"→"结算方式"命令，进入"结算方式"窗口，输入结算方式信息，单击"保存"按钮，如图3-7所示。同理，增加其他结算方式信息。

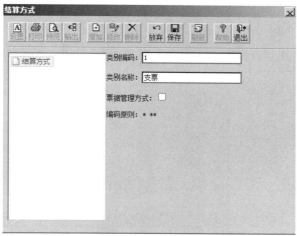

图3-7　设置结算方式

　　(8) 执行"基础设置"→"收付结算"→"付款条件"命令，进入"付款条件"窗口，单击"增加"按钮，按要求输入付款条件，单击"保存"按钮，如图3-8所示。

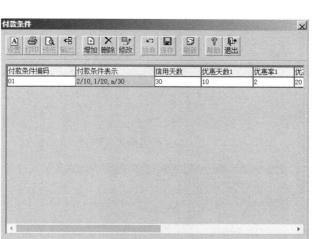

图3-8　设置付款条件

　　(9) 执行"基础设置"→"收付结算"→"开户银行"命令，进入"开户银行"窗口，录入银行信息后，单击"退出"按钮，如图3-9所示。

　　(10) 执行"基础设置"→"财务"→"会计科目"→"编辑"→"指定科目"命令，进入"指定科目"窗口，单击"现金总账科目"单选按钮后，双击"库存现金"科目即可将该科目放入"已选科目"栏，设置完成后，单击"确认"按钮，如图3-10所示。

(11) 执行"总账"→"设置"→"选项"命令，进入"选项"窗口，按图 3-11 中所勾选的各项进行勾选，最后，勾选"出纳凭证必须经由出纳签字"复选框后，单击"确定"按钮，如图 3-11 所示。

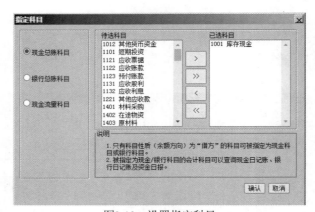

图3-9　设置开户银行

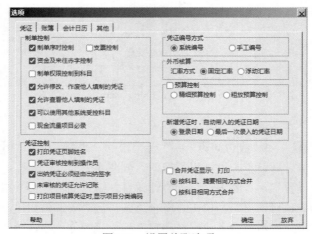

图3-10　设置指定科目

图3-11　设置总账选项

(12) 执行"基础设置"→"财务"→"会计科目"命令，进入"会计科目"窗口，单击"增加"按钮，在"新增科目"窗口中，输入科目编码"100201"、科目中文名称"工行存款"后，单击"确定"按钮，如图 3-12 所示。

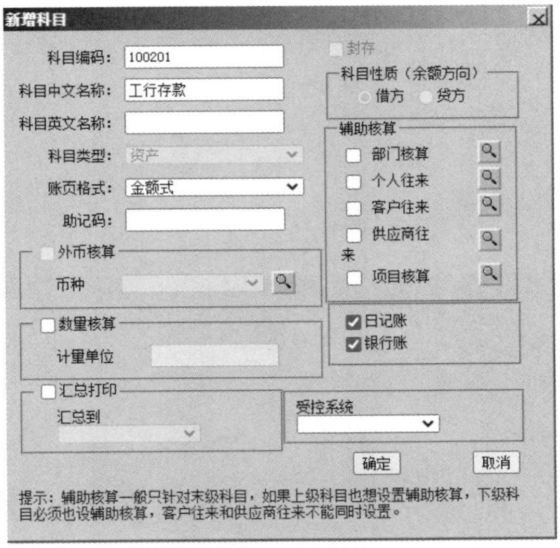

图3-12　新增科目

(13) 执行"基础设置"→"财务"→"会计科目"命令，进入"会计科目"窗口，双击"1122"科目，打开"修改科目"窗口，在"辅助核算"栏中，勾选"客户往来"复选框，在"受控系统"下拉列表框中，选择空，设置完后单击"确定"按钮，如图 3-13 所示。

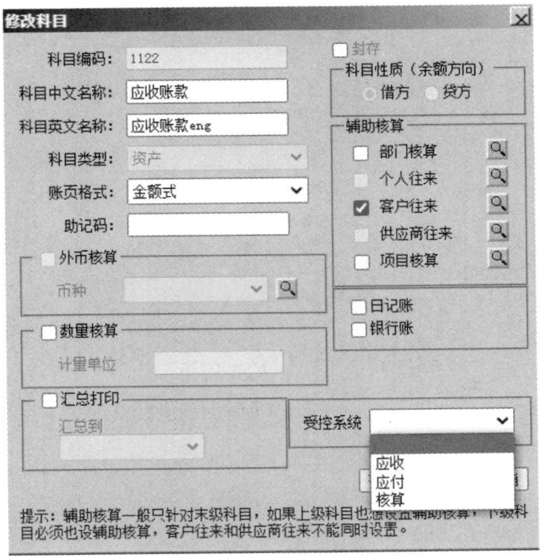

图3-13　修改科目

(14) 执行"基础设置"→"财务"→"项目目录"命令，进入"项目档案"窗口，单击"增加"按钮，打开"项目大类定义_增加"窗口，输入新项目大类名称为"成本核算"，单击"下一步"按钮，其他设置均采用系统默认值，最后单击"完成"按钮，如图 3-14～图 3-16 所示。

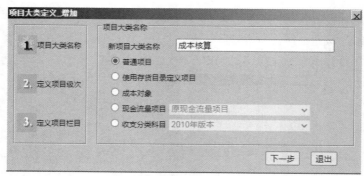

图3-14　项目大类定义_增加1

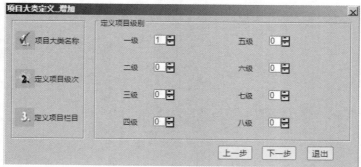

图3-15　项目大类定义_增加2

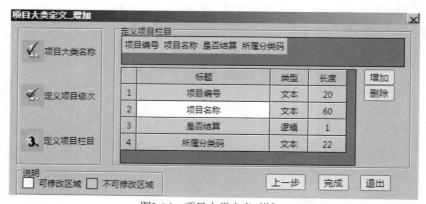

图3-16　项目大类定义_增加3

(15) 在"项目档案"窗口中，选择"核算科目"，将待选科目中的"直接材料""直接人工"和"制造费用"移动至已选科目中，单击"确定"按钮，如图 3-17 所示。

(16) 选择"项目分类定义"，单击"增加"按钮，录入分类编码和分类名称，录入完毕单击"确定"按钮，再次单击"增加"按钮即可进入下一个录入窗口，如图 3-18 所示。

(17) 选择"项目目录"，单击"维护"按钮，进入"项目目录维护"窗口，分别录入项目编号、项目名称和所属分类码，录入完毕单击"退出"按钮，如图 3-19 所示。

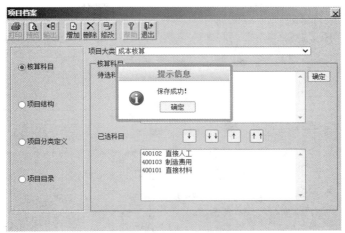

图3-17 设置项目档案核算科目

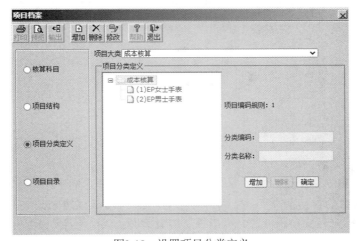

图3-18 设置项目分类定义

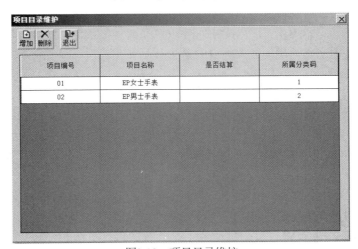

图3-19 项目目录维护

(18) 最后，在弹出的"确认对话框"中，单击"确定"按钮，如图 3-20 所示。

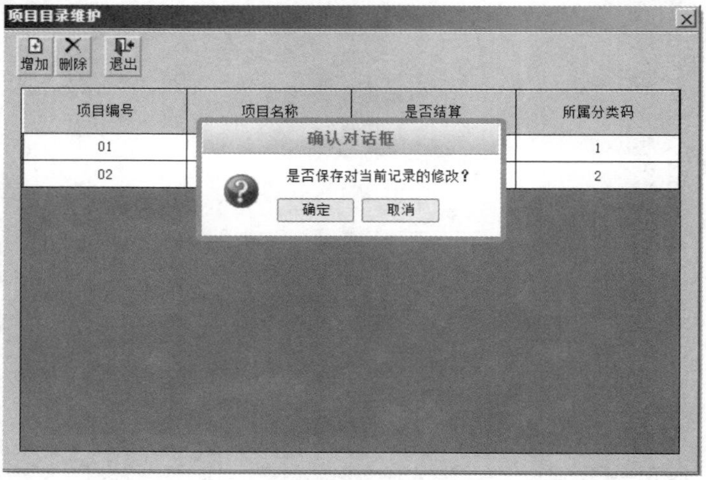

图3-20 确认对话框

∞ 巩固练习 ∞

一、单选题

1. 账务系统正式启用后，下列功能不允许使用的是( )。
   A. 增加或删除会计科目   B. 修改操作员权限与密码
   C. 修改科目的年初余额   D. 增加或删除常用摘要
2. 账务系统输入科目初始设置时，用户一般只需要输入( )的数据。
   A. 总账科目   B. 明细科目   C. 上级科目   D. 下级科目
3. 下列不属于会计科目设置内容的是( )。
   A. 科目余额   B. 是否核算外币   C. 是否辅助核算   D. 是否核算现金流量
4. 在账务系统中建立常用摘要库的目的是( )。
   A. 提高凭证的输出速度   B. 提高凭证的录入速度
   C. 提高凭证的记账速度   D. 提高凭证的汇总速度
5. 设置会计科目的编码要求( )。
   A. 可以任意设置   B. 必须按财政部统一规定
   C. 一级科目编码必须按财政部统一规定 D. 各级科目编码要相同

二、多选题

1. 会计科目的设置涉及的内容有( )。
   A. 科目代码与助记码   B. 科目名称   C. 科目类别   D. 余额方向
   E. 辅助核算   F. 现金流量

2. 在账务处理系统中账套基本信息一般包括(　　)。

    A. 账套代码与名称　　　B. 所属行业　　　　　C. 记账本位币

    D. 科目编码规则　　　　E. 会计分期　　　　　F. 设置常用摘要

3. 下列功能属于账务系统初始设置的有(　　)。

    A. 建立账套　　　　　　B. 设置会计科目　　　C. 设置辅助核算项目

    D. 设置货币与汇率　　　E. 录入初始数据　　　F. 用户管理

    G. 折旧分配　　　　　　H. 建立常用摘要

三、判断题

1. 科目编码一经设定，在账套正式启用之后就不允许修改。　　　　　　　　　(　　)

2. 辅助核算项目是会计科目的一种延伸，所以核算项目与明细科目是完全相同的。(　　)

3. 余额方向用于指定科目余额的计算方法，其中，贷方余额=期初余额+本期借方发生额-本期贷方发生额。　　　　　　　　　　　　　　　　　　　　　　　　　　　　　(　　)

4. 每个会计账套都必须指定一种货币为记账本位币，如果发生外币业务则需要将外币折算为本位币。　　　　　　　　　　　　　　　　　　　　　　　　　　　　　　　　(　　)

5. 辅助核算的初始设置包括两个方面：一是辅助核算种类；二是具体的核算项目。(　　)

模块四 >>

总账及报表模块

【实训目标】

1. 了解总账模块在会计信息化软件中的地位
2. 掌握总账初始设置的内容和方法
3. 能正确进行总账初始化设置
4. 熟悉总账模块日常经济业务工作流程
5. 熟练掌握总账模块凭证填制、凭证审核、出纳签字和记账等操作
6. 熟练掌握总账模块自定义转账等功能应用
7. 掌握总账模块反结账、反记账等反操作
8. 了解报表模块的基本功能
9. 熟悉报表编制的基本流程
10. 能够利用报表模块生成报表
11. 理解报表公式的含义，掌握常见项目的公式定义

总账模块是畅捷通 T3 软件的核心模块，适用于各行各业的账务核算及管理工作。总账模块既可以独立运行，也可以同其他模块协同运转。

总账管理模块的功能包括初始设置、凭证管理、账簿管理、辅助核算管理和期末处理等。

一、初始设置

由用户根据本企业的具体需要建立账务应用环境，将总账管理模块变成适合本单位实际需要的专用模块，主要包括各项业务参数的设置、明细账权限的设定和期初余额的录入等。

二、凭证管理

凭证管理即通过严密的制单控制保证填制凭证的正确性，包括资金赤字控制、支票控制、预算控制、外币折算误差控制及查看最新余额等功能，通过凭证管理可以加强对发生业务的及时管理和控制，完成凭证的录入、审核、记账、查询、打印，以及出纳签字、常用凭证定义等。

三、账簿管理

账簿管理强大的查询功能可使整个系统实现总账、明细账、凭证联查，并可查询包含未记账凭证的最新数据，还可随时进行总账、余额表、明细账、日记账等标准账表的查询。

四、辅助核算管理

总账管理模块除了可以进行总账、明细账、日记账等主要账簿数据的查询外，还可以进行以下辅助核算管理。

1. 个人往来核算

个人往来核算主要用于管理个人借款、还款业务，及时地控制个人借款，完成清欠工作，并具有个人借款明细账、催款单、余额表查询和账龄分析报告及自动清理核销已清账等功能。

2. 部门核算

部门核算主要用于考核部门费用收支的发生情况，及时地反映并控制部门费用的支出，对各部门的收支情况加以比较，便于按部门考核业绩，可以对各级部门总账、明细账进行查询，并对部门收入与费用进行部门收支分析等。

3. 往来管理

往来管理主要进行客户和供应商往来款项的发生、清欠管理工作，及时掌握往来款项的最新情况，并具有往来款总账、明细账、催款单查询和往来账清理、账龄分析报告等功能。

4. 现金管理

现金管理为出纳人员提供一个集成办公环境，便于加强对现金及银行存款的管理，可完成银行日记账、现金日记账，还可随时给出最新资金日报表、余额调节表并进行银行对账。

5. 项目管理

项目管理主要用于生产成本、在建工程等业务的核算，以项目为中心，为使用者提供各项目的成本、费用、收入、往来等汇总与明细情况及项目计划执行报告等，可用于核算科研课题、专项工程、产成品成本、旅游团队、合同、订单等，还可以进行项目总账、明细账及项目统计表的查询。

五、期末处理

灵活的自定义转账功能、各种取数公式可满足各类业务的转账工作，自动完成月末分摊、计提、对应转账、销售成本、汇兑损益、期间损益结转等业务，进行试算平衡、对账、结账，生成月末工作报告。

任务一　总账模块初始设置

【实训准备】

总账模块初始设置是运用总账模块进行日常业务处理前应做的准备工作，总账初始化主要包括以下内容。

一、选项设置

初次登录总账模块，需要设置好反映企业具体核算要求的各种参数。通过选项设置定义总账管理模块的输入控制、处理方式、数据流程、输出格式等。在总账模块中，按控制内容可将总账选项分为凭证、账簿、会计日历和其他四类。

1. 凭证

1) 制单控制

制单控制限定了在填制凭证时系统应对哪些操作进行控制，主要包括以下内容。

(1) 制单序时控制：若选择此项，在填制凭证时，随凭证编号的递增凭证日期按由小到大的顺序排列。

(2) 支票控制：若选择此项，在制单时录入了未在支票登记簿中登记的支票号，系统将提供登记支票登记簿的功能。

(3) 资金及往来赤字控制：若选择此项，在制单时，当现金、银行科目的最新余额出现负数时，系统将予以提示。

(4) 制单权限控制到科目：系统允许设置有制单权限的操作员可以使用某些特定科目制单。

(5) 允许修改、作废他人填制的凭证：若选择此项，当前操作员可以修改或作废非本人填制的凭证。

(6) 可以使用其他系统受控科目：某系统的受控科目其他系统是不能用来制单的，如客户往来科目一般为应收系统的受控科目，总账系统是不能使用此类科目进行制单的。

(7) 现金流量项目必录：若选择此项，在录入凭证时如果使用现金流量科目，则必须输入现金流量项目。

2) 凭证控制

(1) 打印凭证页脚姓名：设置在打印凭证时是否自动打印制单人、出纳、审核人、记账人的姓名。

(2) 凭证审核控制到操作员：有些时候，希望对审核权限做进一步细化，如只允许某操作员审核其本部门操作员填制的凭证而不能审核其他部门操作员填制的凭证时，则应选择此项。

(3) 出纳凭证必须经由出纳签字：若选择此项，则含有现金、银行科目的凭证必须由出纳人员通过"出纳签字"功能对其核对签字后才能记账。

(4) 未审核的凭证允许记账：若选择此项，记账凭证未审核也可以记账。

(5) 打印项目核算凭证时，显示项目分类编码：用于选择打印凭证时是否显示项目分类编码。

3) 凭证编号方式

系统在填制凭证功能中一般根据凭证类别按月自动编制凭证编号，即"系统编号"，但有的企业需要系统允许在制单时手工录入凭证编号，即"手工编号"。

4) 外币核算

如果企业有外币业务，则应选择相应的汇率方式为固定汇率或浮动汇率。若选择固定汇率，日常业务按月初汇率处理，月末进行汇兑损益调整；若选择浮动汇率，日常业务按当日汇率折算本位币金额，月末无须进行调整。

此外，T3 云平台中还包括预算控制方式、新增凭证时自动带入凭证日期、合并凭证显示打印方式等选项，可供设置。

2. 账簿

(1) 打印位数宽度：定义正式账簿打印时摘要、金额、外币、数量、汇率、单价各栏目的宽度。

(2) 明细账查询权限控制到科目：当要对查询和打印权限做进一步细化，如只允许某操作员查询或打印某科目明细账而不能查询或打印其他科目的明细时，则应选择此项。

(3) 凭证、账簿套打：打印凭证、正式账簿时是否使用套打纸进行打印。套打纸是指用友公司为总账系统专门印制的带格线的各种凭证、账簿。选择套打纸打印，无须打印表格线，打印速度快且美观。

3. 会计日历

在会计日历标签中，可以查看各会计期间的起始日期与结束日期，以及启用会计年度和启用日期。此处仅能查看会计日历的信息，如需修改请到系统管理中进行。

4. 其他

(1) 数量、单价小数位设置：决定在制单或查账时系统对于数量、单价小数位的显示形式。

(2) 部门/个人/项目排序方式：决定在查询相关账目时，是按编码排序还是按名称排序。

二、期初余额及试算平衡

会计科目初始数据录入是指第一次使用账务处理模块时，需要在开始日常核算工作前将会计科目的初始余额及发生额输入期初余额中。

在总账期初余额表中，不同的颜色用以区别三种不同性质的科目。

(1) 显示为白色的单元格表示该科目为末级科目，可以输入期末余额。

(2) 显示为黄色的单元格表示该科目为非末级科目，输入末级科目余额后该科目自动汇总生成余额。

(3) 显示为蓝色的单元格表示该科目设置了辅助核算，需要双击该单元格进入辅助账期初余额录入界面，辅助账期初余额输入完成并退出后，总账相应期初余额自动生成。

期初余额输入完成后，单击工具栏中的"试算"按钮进行科目余额的试算平衡，以保证初始数据的正确性。期初余额试算不平衡，可以填制凭证，但不能记账。

※ 思维拓展

试算不平衡如何快速查找错误

录入完期初余额后，若试算不平衡，可先计算资产与负债所有者权益的差额，按以下步骤查找错误。

(1) 检查是否存在某一科目期初数与上述差额一致的情况，判断是否漏填或重填。

(2) 若无第(1)种情况，将上述差额除2，观察得到的结果是否为某一科目期初数，判断该科目余额方向是否录反。

(3) 如无第(1)种和第(2)种情况，且上述差额能被9整除，则查找是否存在某一科目余额多录或少录一个"0"的情况，或判断相邻数位的数字是否颠倒。

当无法快速找到错误时，只能逐一检查核对。

【实训任务】

以账套主管身份登录信息门户，并根据表4-1～表4-5进行总账初始化设置。

表4-1　期初余额表

科目编码	科目名称	方向	期初余额	辅助核算
1001	库存现金	借	38 000	
1002	银行存款	借	6 240 000	
100201	工行存款	借	6 240 000	
1012	其他货币资金	借	0	
1101	短期投资	借	0	
110101	股票	借	0	
110102	债券	借	0	
110103	基金	借	0	
110110	其他	借	0	
1121	应收票据	借	0	
1122	应收账款	借	508 500	客户核算
1123	预付账款	借	0	供应商核算
1131	应收股利	借	0	
1132	应收利息	借	0	
1221	其他应收款	借	0	
122101	个人借款	借	0	个人核算
1401	材料采购	借	0	
1402	在途物资	借	0	

(续表)

科目编码	科目名称	方向	期初余额	辅助核算
1403	原材料	借	207 000	
140301	表壳	借	34 000	
140302	机芯	借	110 000	
140303	金属表带	借	63 000	
1404	材料成本差异	借	0	
1405	库存商品	借	3 192 000	
140501	EP 女士手表	借	1 512 000	
140502	EP 男士手表	借	1 680 000	
1407	商品进销差价	借	0	
1408	委托加工物资	借	0	
1411	周转材料	借	0	
141101	包装盒	借	0	
1421	消耗性生物资产	借	0	
1501	长期债券投资	借	0	
1511	长期股权投资	借	0	
1601	固定资产	借	8 959 500	
1602	累计折旧	贷	440 604.25	
1604	在建工程	借	0	
1605	工程物资	借	0	
1606	固定资产清理	借	0	
1621	生产性生物资产	借	0	
1622	生产性生物资产累计折旧	贷	0	
1701	无形资产	借	0	
1702	累计摊销	贷	0	
1801	长期待摊费用	借	0	
1901	待处理财产损溢	借	0	
2001	短期借款	贷	240 000	
2201	应付票据	贷	0	
2202	应付账款	贷	0	
220201	一般应付款	贷	0	供应商核算
220202	暂估应付款	贷	0	
2203	预收账款	贷	0	客户核算
2211	应付职工薪酬	贷	314 636.74	
221101	应付职工工资	贷	211 463.79	
221102	应付奖金、津贴和补贴	贷	33 935	
221103	应付福利费	贷	0	

(续表)

科目编码	科目名称	方向	期初余额	辅助核算
221104	应付社会保险费	贷	56 662.95	
221105	应付住房公积金	贷	12 575	
221106	应付工会经费	贷	0	
221107	应付教育经费	贷	0	
221108	非货币性福利	贷	0	
221109	辞退福利	贷	0	
221110	其他应付职工薪酬	贷	0	
2221	应交税费	贷	37 508.21	
222101	应交增值税	贷	0	
22210101	进项税额	贷	0	
22210106	销项税额	贷	0	
22210107	进项税额转出	贷	0	
222102	未交增值税	贷	32 500	
222103	应交营业税	贷	0	
222104	应交消费税	贷	0	
222105	应交资源税	贷	0	
222106	应交所得税	贷	0	
222107	应交土地增值税	贷	0	
222108	应交城市维护建设税	贷	2 275	
222109	应交房产税	贷	0	
222110	应交城镇土地使用税	贷	0	
222111	应交车船使用税	贷	0	
222112	应交个人所得税	贷	1 758.21	
222113	教育费附加	贷	975	
222114	矿产资源补偿费	贷	0	
222115	排污费	贷	0	
222116	增值税留抵税额	贷	0	
222117	减免税款	贷	0	
2231	应付利息	贷	0	
2232	应付利润	贷	0	
2241	其他应付款	贷	38 228	
224101	养老保险	贷	20 120	
224102	失业保险	贷	503	
224103	医疗保险	贷	5 030	
224104	住房公积金	贷	12 575	
2401	递延收益	贷	0	

(续表)

科目编码	科目名称	方向	期初余额	辅助核算
2501	长期借款	贷	0	
2701	长期应付款	贷	0	
3001	实收资本	贷	15 000 000	
300101	肖建军	贷	7 500 000	
300102	刘明山	贷	3 750 000	
300103	王大为	贷	3 750 000	
3002	资本公积	贷	0	
3101	盈余公积	贷	0	
310101	法定盈余公积	贷	0	
310102	任意盈余公积	贷	0	
3103	本年利润	贷	0	
3104	利润分配	贷	3 280 322.8	
310401	其他转入	贷	0	
310402	提取法定盈余公积	贷	0	
310403	提取法定公益金	贷	0	
310404	提取职工奖励及福利基金	贷	0	
310409	提取任意盈余公积	贷	0	
310410	应付利润	贷	0	
310415	未分配利润	贷	3 280 322.8	
4001	生产成本	借	206 300	
400101	直接材料	借	157 600	项目核算
400102	直接人工	借	42 000	项目核算
400103	制造费用	借	6 700	项目核算
4101	制造费用	借	0	
4301	研发支出	借	0	
4401	工程施工	借	0	
4403	机械作业	借	0	
5001	主营业务收入	贷	0	
5051	其他业务收入	贷	0	
5111	投资收益	贷	0	
5301	营业外收入	贷	0	
530101	政府补助	贷	0	
530102	收回坏账损失	贷	0	
530103	汇兑收益	贷	0	
530104	非流动资产处置净收益	贷	0	
5401	主营业务成本	借	0	

(续表)

科目编码	科目名称	方向	期初余额	辅助核算
5402	其他业务成本	借	0	
5403	税金及附加	借	0	
5601	销售费用	借	0	
560101	商品维修费	借	0	
560102	广告费	借	0	
560103	业务宣传费	借	0	
560104	交通费	借	0	
560105	通信费	借	0	
560106	业务招待费	借	0	
560107	员工工资	借	0	
560110	折旧	借	0	
560111	差旅费	借	0	
5602	管理费用	借	0	
560201	开办费	借	0	
560202	业务招待费	借	0	
560203	研究费用	借	0	
560204	交通费	借	0	
560205	通信费	借	0	
560206	水电费	借	0	
560207	房屋租赁费	借	0	
560208	员工活动费	借	0	
560209	员工工资	借	0	
560210	折旧	借	0	
560211	无形资产摊销	借	0	
560212	办公费	借	0	
5603	财务费用	借	0	
560301	利息费用	借	0	
560302	手续费用	借	0	
560303	现金折扣	借	0	
560304	汇兑损失	借	0	
5711	营业外支出	借	0	
571101	坏账损失	借	0	
571102	无法收回的长期债券投资损失	借	0	
571103	无法收回的长期股权投资损失	借	0	
571104	自然灾害等不可抗力因素造成的损失	借	0	
571105	税收滞纳金	借	0	
5801	所得税费用	借	0	

表4-2　客户往来期初余额表

日期	客户	摘要	方向	信息	发票号
2019-06-26	北京大华贸易有限公司	期初	借	EP 男士手表　单价300　数量1500　价税合计 508 500 元	56781234

表4-3　原材料期初余额表

存货编码	存货名称	数量	单价	金额
0101	表盖	850	40	34 000
0102	机芯	1 100	100	110 000
0103	金属表带	900	70	63 000

表4-4　生产成本期初余额表

项目	方向	金额	明细
EP 女士手表	借	101 300	直接材料 78 000 直接人工 20 000 制造费用 3 300
EP 男士手表	借	105 000	直接材料 79 600 直接人工 22 000 制造费用 3 400

表4-5　库存商品期初余额表

存货编码	存货名称	数量	单价	金额	入库日期
0201	EP 女士手表	5 400	280	1 512 000	2020-12-31
0202	EP 男士手表	5 600	300	1 680 000	2020-12-31

【实训指导】

(1) 输入或选择以下信息：用户名"101"；密码"空"；账套"000"；会计年度"2021"；操作日期"2021-01-01"。

(2) 执行"总账"→"设置"→"期初余额"命令，进入"期初余额录入"窗口，在"库存现金"的"期初余额"单元格中录入"38 000"，以此类推，根据表 4-1 完成期初余额录入，如图 4-1 所示。

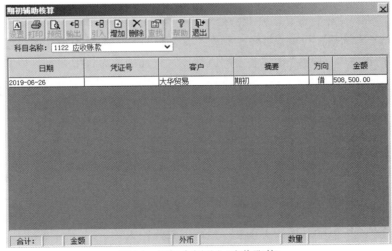

图4-1 期初余额录入

(3) 执行"总账"→"设置"→"期初余额"命令,进入"期初余额录入"窗口,双击"应收账款"的"期初余额",进入"期初辅助核算"窗口,单击"增加"按钮,根据表 4-2 完成客户往来期初余额录入,录入完毕,单击"退出"按钮,如图 4-2 所示。

图4-2 期初余额录入(应收账款)

(4) 根据表 4-3 完成材料期初余额录入;根据表 4-4 完成生产成本期初余额录入;根据表 4-5 完成库存商品期初余额录入。

(5) 检验试算是否平衡,在"期初余额录入"窗口,单击"试算"按钮查看"期初试算平衡表",如图 4-3 所示。

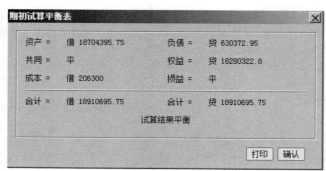

图4-3　期初试算平衡表

任务二　总账模块日常业务处理

在总账模块中，当基础设置完成后就可以开始进行日常业务处理了。总账模块日常业务处理主要包括填制凭证及各类查询账簿。

活动一　填制凭证

【实训准备】

在总账模块中，凭证管理是日常业务处理的起点，是保证会计信息系统数据正确的关键环节。"填制凭证—出纳签字—审核凭证—记账"是凭证处理的关键步骤。如果设置了"出纳凭证必须经由出纳签字"，那么"出纳签字"就会成为凭证处理流程中必不可少的一个步骤，其位置介于"填制凭证"和"审核凭证"之间。已填制的凭证可以在"凭证查询"功能中查看。

在实际工作中，可以根据经济业务发生时取得的原始凭证直接在计算机上填制凭证。填制凭证的功能包括增加凭证、修改凭证、作废/恢复凭证、整理凭证、冲销凭证。

一、增加凭证

记账凭证的内容一般包括凭证头、凭证正文和凭证尾三部分。

1. 凭证头

(1) 凭证类别：可以输入凭证类别字，也可以参照输入。

(2) 凭证编号：一般情况下，由系统根据凭证类别按月自动编制，即每类凭证每月都从0001号开始。系统同时也自动管理凭证页号，系统规定每页凭证有五条记录，当某张凭证不止一页时，系统将自动在凭证号后标上分单号。如果在启用账套时设置凭证编号方式为"手工编号"，则用户可在此处手工录入凭证编号。

(3) 制单日期：填制凭证的日期。系统自动取进入账务系统前输入的业务日期为记账凭证日期，如果日期不对，可进行修改或参照输入。

(4) 附单张数：输入当前凭证所附的原始单据张数。

2. 凭证正文

(1) 摘要：输入本笔分录的业务说明，要求简洁明了且不能为空。凭证中的每个分录行都必须有摘要，各行摘要可以不同。可以利用系统提供的"常用摘要"功能预先设置常用摘要，以规范业务，加快凭证录入速度。

(2) 科目：输入或参照输入末级科目编码，系统自动将其转换为中文名称。也可以直接输入中文科目名称、英文科目名称或助记码。

(3) 辅助核算信息：对于设置了辅助核算的科目，系统提示输入相应的辅助核算信息。

- 对于设置了数量辅助核算的科目，系统要求输入数量和单价，自动计算金额。
- 对于设置了外币辅助核算的科目，系统要求输入外币金额和记账汇率，自动计算本位币金额。如果采用固定汇率核算方式，系统自动带出月初设置的记账汇率。
- 对于设置了银行账辅助核算的科目，系统要求输入票据日期、结算方式和结算号，以方便日后对账。
- 对于设置了部门辅助核算的科目，系统要求输入部门信息。
- 对于设置了个人往来辅助核算的科目，系统要求输入个人信息。
- 对于设置了客户往来辅助核算的科目，系统要求输入客户信息。
- 对于设置了供应商往来辅助核算的科目，系统要求输入供应商信息。
- 对于设置了项目辅助核算的科目，系统要求输入相关项目信息。

(4) 金额：该笔分录的借方或贷方本币发生额。金额不能为零，但可以是红字，红字金额以负数形式输入。凭证上的借方金额合计应与贷方金额合计相等，否则不能保存。

3. 凭证尾

凭证尾部分主要标识该凭证的制单人、审核人、记账人信息，由系统根据登录操作员自动记录其姓名。

二、修改凭证

对于已输入但未审核的凭证可以进行修改，可修改的内容包括摘要、科目、辅助项、金额及方向、增删分录等。由外部系统生成的凭证被传递到总账系统后，不能在总账系统中修改，只能在其对应的系统中修改。

三、作废/恢复、整理凭证

如果出现凭证重复录入或凭证上出现不便修改的错误时，可以利用系统提供的"作废/恢复"功能将错误凭证作废。作废凭证仍保留原有凭证内容及凭证号，不能修改、审核，但要参加记账，否则月末无法结账。

若当前凭证有效但已作废，可以执行"制单"→"作废/恢复"命令，取消作废标志，将当前凭证恢复为有效凭证。

如果无须保留作废凭证，可通过系统提供的"整理"功能将标注有"作废"字样的凭证彻底删除，并对未记账凭证进行重新编号，以保证凭证编号的连续性。

四、冲销凭证

对于已记账的凭证，如果发现有错误，可以制作一张红字冲销凭证。可通过执行"制单"→"冲销凭证"命令，制作红字冲销凭证。通过红字冲销法增加的凭证应被当作正常凭证进行保存管理。

【实训任务】

1. 以会计 102 身份登录信息门户，根据以下业务进行总账日常业务处理。

业务一：

1 日，签发支票提取现金 245 398.79 元备发工资(附单据数 1 张，支票号为 20210101)。

摘要：提取现金

借：库存现金　　　　　　　　　245 398.79

　　贷：银行存款——工行存款　　245 398.79

业务二：

6 日，以现金发放工资，其中包括工资 211 463.79 元、奖金 33 935 元(附单据数 1 张)。

摘要：现金发放工资

借：应付职工薪酬——工资　　　　　　　　211 463.79

　　　　　　　　——奖金、津贴及补贴　　 33 935

　　贷：库存现金　　　　　　　　　　　　245 398.79

业务三：

8 日，销售采购部陈铁勇因参加产品展销会，需预借差旅费，以现金支付 3 000 元(附单据数 1 张)。

摘要：借支差旅费

借：其他应收款——个人借款　　　3 000

　　贷：库存现金　　　　　　　　　3 000

业务四：

10 日，向花城表带制造有限公司采购表壳 300 个，每个 40 元，材料已验收入库，材料款项未付(附单据数 2 张)。

摘要：采购材料

借：原材料——表壳　　　　　　　　　　　　　12 000

　　应交税费——应交增值税(进项税额)　　　 1 560

　　贷：应付账款——一般应付款　　　　　　　13 560

业务五：

13 日，以银行存款支付花城表带制造有限公司货款 13 560 元(附单据数 1 张，支票号为 20210113)。

摘要：支付货款

借：应付账款——一般应付款	13 560
贷：银行存款——工行存款	13 560

业务六：

15 日，向北京大华贸易有限公司销售 EP 女士手表 1 000 件，每件单价 400 元，商品已发出，销售款项暂未收到(附单据数 2 张)。

摘要：销售商品

借：应收账款	452 000
贷：主营业务收入	400 000
应交税费——应交增值税(销项税额)	52 000

业务七：

20 日，销售采购部报销差旅费，其中餐费普通发票 1 000 元，住宿费增值税专用发票 1 590 元(其中包含增值税 90 元)(附单据数 1 张)。

摘要：报销差旅费

借：销售费用——差旅费	2 500
应交税费——应交增值税(进项税额)	90
库存现金	410
贷：其他应收款——个人借款	3 000

业务八：

21 日，收到北京大华贸易有限公司支票一张，用于支付前欠货款 452 000 元(附单据数 2 张，支票号为 20210121)。

摘要：收回货款

借：银行存款——工行存款	452 000
贷：应收账款	452 000

业务九：

24 日，以银行存款缴纳增值税 32 500 元(附单据数 1 张，票据号为 20210124)。

摘要：缴纳税费

借：应交税费——未交增值税	32 500
贷：银行存款——工行存款	32 500

业务十：

25 日，现金报销招待客户费用 800 元(附单据数 1 张)。

摘要：报销业务招待费

借：管理费用——业务招待费	800
贷：库存现金	800

业务十一：

26 日，车间领用表壳 750 个，每个 40 元；机芯 320 个，每个 100 元；金属表带 350 个，每个 70 元，用于生产 EP 女士手表(附单据数 1 张)。

摘要：生产领料

借：生产成本——直接材料　　　　　　　86 500

　　贷：原材料——表壳　　　　　　　　　30 000

　　　　　　——机芯　　　　　　　　　32 000

　　　　　　——金属表带　　　　　　　24 500

业务十二：

31 日，结转本月 EP 女士手表销售成本 280 000 元(附单据数 1 张)。

摘要：结转销售成本

借：主营业务成本　　　　　　　　　　　280 000

　　贷：库存商品——EP 女士手表　　　　280 000

业务十三：

31 日，收到当地政府发放的停工补助 20 000 元(附单据数 1 张，支票号为 20210131)。

摘要：停工补助

借：银行存款——工行存款　　　　　　　20 000

　　贷：营业外收入——政府补助　　　　　20 000

2. 作废并整理业务四、业务六、业务十一、业务十二的凭证。

【实训指导】

1. 以会计 102 身份登录信息门户，进行日常业务处理。

输入或选择以下信息：用户名"102"；密码"空"；账套"000"；会计年度"2021"；操作日期"2021-01-31"。

业务一：

(1) 执行"总账"→"凭证"→"填制凭证"命令，进入"填制凭证"窗口。

(2) 单击"增加"按钮，增加一张空白凭证。

(3) 输入制单日期"2021-01-01"，附单据数"1"张。

(4) 输入摘要"提取现金"，输入借方科目名称"1001"，借方金额"245 398.79"，按 Enter 键，自动复制上一行摘要，输入贷方科目名称"100201"，系统弹出"辅助项"对话框，结算方式选择"1"，票号输入"20210101"，发生日期需修改为制单日期"2021-01-01"，如图 4-4 所示。

图4-4 增加凭证(辅助项)

(5) 自动借贷平衡，单击"保存"按钮即可，第一张凭证增加完毕，如图 4-5 所示。

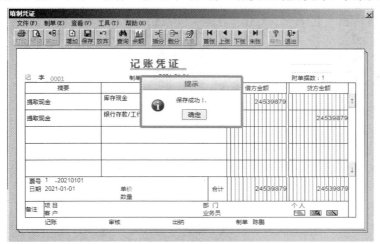

图4-5 增加凭证(提取现金)

业务二：

单击"增加"按钮，进入"填制凭证"窗口，输入制单日期"2021-01-06"，附单据数"1"张。输入摘要"现金发放工资"，输入借方科目名称"221101"，借方金额"211 463.79"，以此输入下一个借方科目"221102"，金额"33 935"；输入贷方科目名称"1001"，贷方金额"245 398.79"，单击"保存"按钮，如图 4-6 所示。

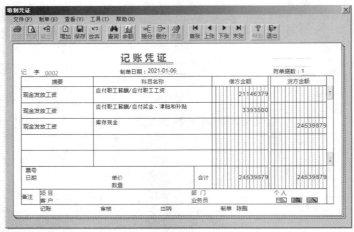

图4-6 现金发放工资

业务三至业务十三依上述方法依次增加，此处不再详细描述。

2. 作废并整理业务四、业务六、业务十一、业务十二的凭证。

(1) 作废凭证：在"填制凭证"窗口分别找到业务四、业务六、业务十一、业务十二的凭证后，执行"制单"→"作废/恢复"命令，如图 4-7 所示。

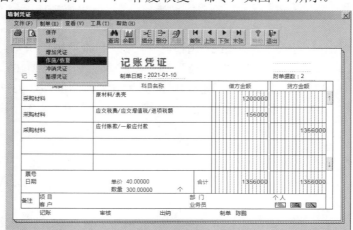

图4-7 作废凭证

(2) 整理凭证：在"填制凭证"窗口，执行"制单"→"整理凭证"命令，如图4-8所示；选择凭证期间，单击"确定"按钮，如图4-9所示；选择需要删除的凭证后，单击"确定"按钮，如图4-10所示；再次单击"确定"按钮，凭证整理(删除)完毕，如图4-11所示。

图4-8　整理凭证

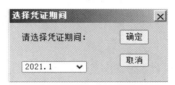

图4-9　选择凭证期间

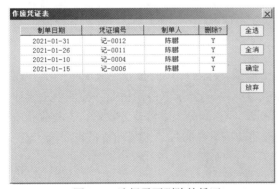

图4-10　选择需要删除的凭证

图4-11　凭证整理完毕

活动二　转账定义与生成

【实训准备】

在计算机环境下，对于比较固定或变化不大的业务(如计提利息、分摊费用、结转损益等)，可以进行转账定义。自动转账生成凭证，大大提高了会计人员的工作效率，真正体现会计信息化的便利、快捷。

自动转账是指对于期末摘要、借贷方会计科目固定不变，发生金额的来源或计算方法基本相同，相应凭证处理基本固定的会计业务，将其既定模式事先录入并保存到系统中，在需要的时候，让系统按照既定模式，根据对应会计期间的数据自动生成相应的记账凭证。自动转账的目的在于减少工作量，避免会计人员重复录入此类凭证，提高记账凭证录入的速度和准确度。

一、转账定义

转账定义是指对需要系统自动生成凭证的相关内容进行定义。在系统中事先进行自动转账定义，设置的内容一般包括编号、凭证类别、摘要、发生会计科目、辅助项目、发生方向、发生额计算公式等。以畅捷通 T3 (云平台)软件为例，系统提供了五种类型的自动转账：自定义转账、对应结转、销售成本结转、汇总损益结转、期间损益结转。

1. 自定义转账设置

自定义转账是使用范围最广的一种转账方式，通常可以完成以下业务。

(1) "费用分配"的结转，如工资分配等。

(2) "费用分摊"的结转，如制造费用分摊等。

(3) "税金计算"的结转，如城建税和教育费附加的计提等。

(4) "提取各种费用"的结转，如"五险一金"的计提等。

2. 对应结转设置

对应结转不仅可以进行两个科目的一对一结转，还可以进行科目的一对多结转。对应结转的科目可为上级科目，但必须与其下级科目的科目结构保持一致，即具有相同的明细科目，若涉及辅助核算，则对应结转的两个科目的辅助账类也必须一一对应。对应结转系统默认结转的是余额，若要结转发生额，则要在自定义结转中处理。

3. 销售成本结转设置

销售成本的结转设置用于辅助没有启用购销存业务模块的企业完成简单的销售成本计算和结转。它的成本计算所需的两个部分(数量和单价)分别取自销售业务凭证中主营业务收入数量和库存商品的平均价。为了达到这个要求，库存商品、主营业务收入、主营业务成本这三个会计科目必须在期初科目设置时选择数量辅助核算，而且二级明细科目也要统一。

4. 汇兑损益结转设置

若企业有外币业务或外币资金，系统会在期末根据设置自动计算外币账户的汇兑损益，亏损计入财务费用，收益则计入营业外收入。

5. 期间损益结转设置

期间损益结转一般在月末完成，在任务三"总账模块期末处理"中将具体介绍此内容。

二、转账生成

完成转账定义后，每月月末只需要执行"转账生成"功能即可快速生成转账凭证，并自动保存到未记账凭证中。用户应该按期末结转的顺序来执行自动转账生成功能。

　　此外，转账凭证中定义的公式基本取自账簿，因此在自动转账生成前，应该将本会计期间的全部经济业务填制记账凭证，并将所有未记账凭证审核记账。否则，生成的转账凭证中的数据就可能不准确，特别是一组相关联的转账分录，必须按顺序依次进行转账生成、审核、记账。

　　值得注意的是，转账月份为当前会计月，而且通常每月只结转一次，在生成结转凭证时，要注意操作日期，一般选择月末进行。

　　如果转账科目有辅助核算，但是未定义具体的转账辅助项，则可以选择"按所有辅助项结转"或"按有发生的辅助项结转"。"按所有辅助项结转"是指转账科目的每一个辅助项生成一笔分录；"按有发生的辅助项结转"是指按转账科目下每一个有发生的辅助项生成一笔分录。

【实训任务】

　　以会计身份登录信息门户，进行转账定义与生成。

　　(1) 自定义上月借入的 240 000 元(年利率 5%)的短期借款月末计提利息业务。

　　(2) 自定义转账生成。

【实训指导】

　　(1) 输入或选择以下信息：用户名"102"；密码"空"；账套"000"；会计年度"2021"；操作日期"2021-01-31"。

　　(2) 执行"总账"→"期末"→"转账定义"→"自定义转账"命令，进入"自动转账设置"窗口；单击"增加"按钮，进入"转账目录"窗口，输入转账序号"001"，转账说明"计提短期借款利息"，凭证类别按系统默认处理，如图 4-12 所示。

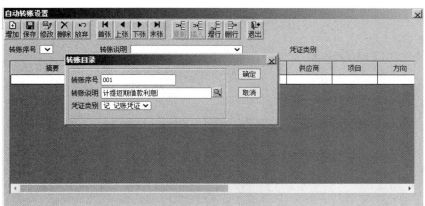

图4-12　自动转账设置1

　　(3) 选择科目编码"560301"，方向"借"，单击"金额公式"栏的放大镜图标，进入"公式向导 1"窗口，公式名称选择"期末余额"，函数名选择"QM()"，如图 4-13 所示。

图4-13　借方公式向导1

(4) 单击"下一步"按钮，进入"公式向导 2"窗口，选择科目"2001"，方向"贷"，如图 4-14 所示。

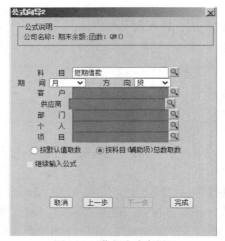

图4-14　借方公式向导2

(5) 单击"完成"按钮，回到"自动转账设置"窗口，在"金额公式"栏继续输入"*0.05/12"，如图 4-15 所示。

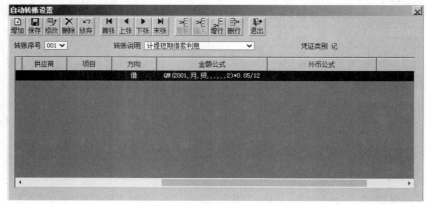

图4-15　自动转账设置2

(6) 单击"增行"按钮，选择科目编码栏"2231"，方向"贷"，单击"金额公式"栏的放大镜图标，进入"公式向导1"窗口，公式名称选择"取对方科目计算结果"，函数名选择"JG()"，单击"下一步"按钮，如图4-16所示。

图4-16 贷方公式向导1

(7) 完成公式设置，单击"保存"按钮，如图4-17所示。

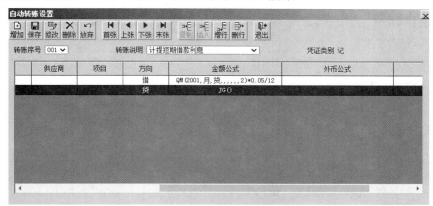

图4-17 自动转账设置3

(8) 执行"总账"→"期末"→"转账生成"命令，进入"转账生成"窗口，单击"全选"按钮，勾选左下角"包含未记账凭证"复选框，如图4-18所示。

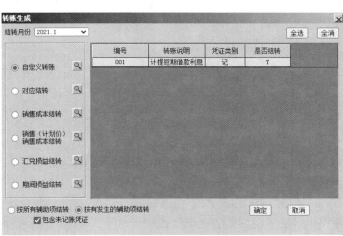

图4-18 转账生成

(9) 单击"确定"按钮，进入"月末转账"窗口，单击"保存"按钮即可，如图4-19 所示。

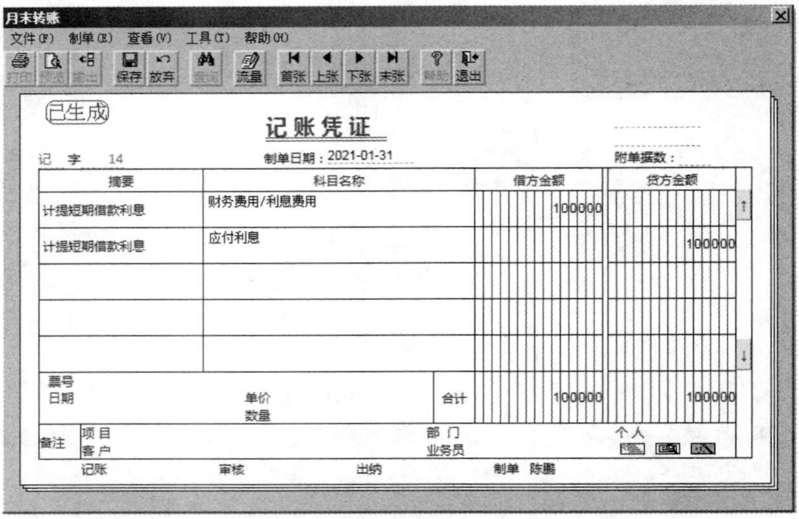

图4-19　自定义转账制单

活动三　查询凭证

【实训准备】

企业经济业务经过制单、审核、记账后就形成了各种会计账簿，畅捷通 T3(云平台)软件提供了强大的账簿查询功能，主要包括基本会计核算账簿和辅助核算账簿。

一、基本会计核算账簿

畅捷通 T3 软件中基本会计核算账簿包括总账、明细账、余额表、多栏账、日记账、序时账、综合多栏账和日报表。(云平台账簿查询功能略有删减，目前仅包含总账、余额表、明细账、多栏账 4 项。)

1. 总账

总账用于查询各总账科目的年初余额、各月期初余额、发生额合计和期末余额。总账查询可以根据需要设置查询条件，如会计科目代码、会计科目范围、会计科目级次、是否包含未记账凭证等。在总账查询窗口下，系统一般允许联查当前会计科目当前月份的明细账。

2. 明细账

明细账用于查询各账户的明细发生情况，用户可以设置多种查询条件查询明细账，包括会计科目范围、查询月份、会计科目代码、是否包括未记账凭证等。在明细账查询窗口下，系统一般允许联查所选明细事项的记账凭证及联查总账。

畅捷通 T3 软件提供了三种明细账的查询格式：普通明细账、按科目查询明细账、月份综合明细账。其中，普通明细账是按科目查询，按发生日期排序的明细账；按科目查询明细账是按非末级科目查询，按其发生的末级科目排序的明细账；月份综合明细账是按非末级科目查询，包含非末级科目总账数据及末级科目明细数据的综合明细账。

3. 余额表

余额表用于查询统计各级会计科目的期初余额、本期发生额、累计发生额和期末余额等。用户可以设置多种查询条件，利用余额表可以查询和输出总账科目、明细科目在某一时期内的期初余额、本期发生额、累计发生额和期末余额；可以查询和输出某会计科目范围在某一时期内的期初余额、本期发生额、累计发生额和期末余额；可以查询和输出包含未记账凭证在内的最新发生额及期初余额和期末余额。

4. 多栏账

多栏账即多栏式明细账，用户可以预先设计企业需要的多栏式明细账，然后按照明细科目保存为不同名称的多栏账。查询多栏账时，用户可以设置多种查询条件，包括多栏账名称、月份、是否包含未记账凭证等。

5. 日记账

日记账用于查询除现金日记账、银行日记账之外的其他日记账。用户可以查询输出某日所有会计科目(不包括现金、银行存款会计科目)的发生额及余额情况。用户可以设置多种查询条件，包括查询日期、会计科目级次、会计科目代码、币别、是否包含未记账凭证等。

6. 序时账

序时账实际上就是以流水账的形式反映单位的经济业务，查询及打印都比较简单。

7. 综合多栏账

综合多栏账是在原多栏账的基础上新增的一个账簿查询方式，它不仅能以科目为分析栏目查询明细账，还能以辅助项及自定义项为分析栏目查询明细账，并能完成多组借、贷栏目在同一账表中的查询。其目的主要是完成商品销售、库存、成本明细账的横向联合查询，并提供简单的计算功能，以方便用户对商品进销存状况进行及时了解。

8. 日报表

日报表用于查询输出某日所有科目的发生额和余额情况，但不包括库存现金、银行存款科目。

二、辅助核算账簿

畅捷通 T3 软件中辅助账查询一般包括客户往来、供应商往来、个人往来、部门核算、项目核算的辅助总账、辅助明细账查询。云平台中该部分功能亦有删减。

辅助核算账簿包括个人往来辅助账和部门辅助账。

1. 个人往来辅助账

个人往来辅助账提供个人往来余额表、个人往来明细账、个人往来清理、个人往来催款和个人往来账龄分析等主要账表。

2. 部门辅助账

部门辅助账提供部门总账、部门明细账、部门收支分析等主要账表。

【实训任务】

以会计身份登录信息门户,查询相关账簿(查询银行存款总账;查询陈铁勇个人借款明细账;查询北京大华贸易有限公司客户明细账;查询广州市花城表带制造有限公司供应商明细账)。

【实训指导】

(1) 输入或选择以下信息:用户名“102”;密码“空”;账套“000”;会计年度“2021”;操作日期“2021-01-31”。

(2) 执行“总账”→“账簿查询”→“总账”命令,输入科目“1002”,勾选“包含未记账凭证”复选框,单击“确认”按钮即可显示银行存款总账信息,如图 4-20 和图 4-21 所示。

图4-20　查询总账命令

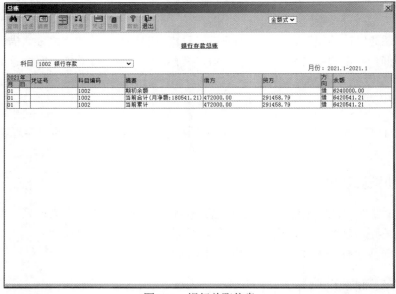

图4-21　银行总账信息

(3) 执行“总账”→“辅助查询”→“个人明细账”命令,选择部门“销售采购部”,个人“401 陈铁勇”,勾选“包含未记账凭证”复选框,单击“确认”按钮即可显示个人明细账,如图 4-22 和图 4-23 所示。

图4-22 查询个人明细账

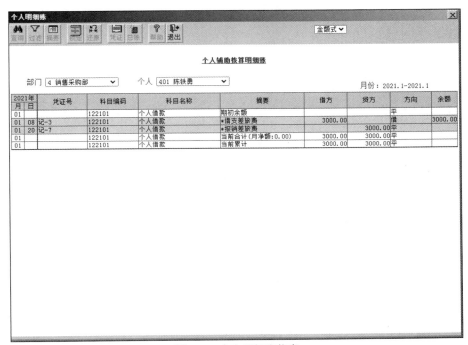

图4-23 个人明细账信息

(4) 执行"总账"→"辅助查询"→"客户明细账"命令，选择客户"北京大华贸易有限公司"，勾选"包含未记账凭证"复选框，单击"确认"按钮即可显示客户明细账，如图 4-24 和图 4-25 所示。

图4-24 查询客户明细账

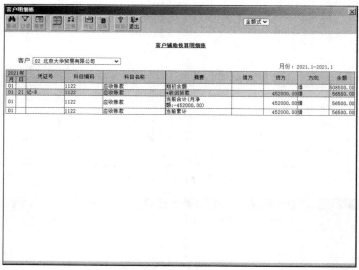

图4-25　客户明细账信息

(5) 执行"总账"→"辅助查询"→"供应商明细账"命令，选择供应商"广州市花城表带制造有限公司"，勾选"包含未记账凭证"复选框，单击"确认"按钮即可显示供应商明细账，如图 4-26 和图 4-27 所示。

图4-26　查询供应商明细账

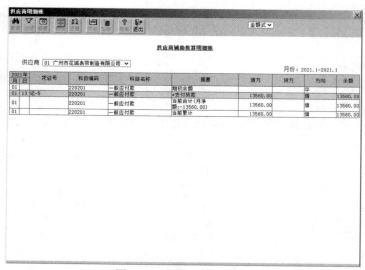

图4-27　供应商明细账信息

任务三　总账模块期末处理

活动一　出纳签字

【实训准备】

为加强企业现金收入和支出的管理，出纳人员可对制单人填制的带有现金和银行存款科目的凭证进行检查核对，主要核对凭证上填制的金额是否正确。只有出纳确认无误后，才能进行记账处理。

凭证一经出纳签字，就不能被修改、删除，只有取消签字后才可以进行修改或删除，取消签字必须由出纳本人进行。

【实训任务】

以出纳身份登录信息门户，对出纳凭证进行签字。

【实训指导】

(1) 输入或选择以下信息：用户名"103"；密码"空"；账套"000"；会计年度"2021"；操作日期"2021-01-31"。

(2) 执行"总账"→"凭证"→"出纳签字"命令，弹出"出纳签字查询"对话框，单击"确认"按钮，进入"出纳签字"窗口，单击"签字"按钮，凭证底部的"出纳"处便会自动签上姓名，如图4-28所示。

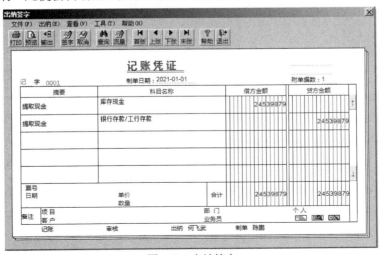

图4-28　出纳签字

(3) 也可以执行"总账"→"凭证"→"出纳签字"→"成批出纳签字"命令，对所有需要出纳签字的凭证进行成批出纳签字，如图 4-29 所示。

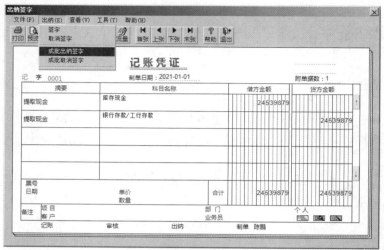

图4-29　成批出纳签字

活动二　审核记账

【实训准备】

一、审核凭证

审核是指由具有审核权限的操作员按照会计制度规定，对制单人填制的凭证进行合法合规性检查。审核无误的凭证可以进入下一处理过程——记账。根据会计制度规定，审核与制单不能为同一人。

系统提供了两种审核方式：单张审核和成批审核。对于审核后的凭证，系统提供取消审核的功能。

二、记账

在总账模块中，记账凭证经审核后就可以执行记账。手工处理时，记账是人工将凭证平行登记到总账、明细账和日记账等账簿中，非常繁杂耗时且容易出现错误，在信息化系统中，记账轻而易举，节约了大量人力。

1. 选择本次记账范围

选择本次记账范围即选择本次需要记账的凭证范围。选择记账范围时可以单击"全选"按钮选择所有未记账凭证进行记账；还可以输入连续编号(如"1～10"即选取第 1～10 号凭证)进行记账；也可以输入个别编号进行记账。

2. 记账报告

系统自动记账前,需要进行以下项目的检查。

(1) 如果是第一次记账,需要检查输入的期初余额是否平衡,期初余额不平,不允许记账。

(2) 上月未记账或未结账,本月不能记账。

(3) 未审核凭证不能记账。

(4) 作废凭证不需要审核可直接记账。

检查完成后,系统显示记账报告,呈现检验的结果(如期初余额不平、凭证未审核、出纳未签字等)。

3. 记账

记账前,系统将自动进行备份,保存记账前的数据,一旦记账过程因异常中断,或者记账凭证有误需要回到记账前状态,可以利用“恢复记账前状态”功能恢复数据。

> **※ 思维拓展**
>
> 记账注意事项
>
> (1) 记账次数不受限制,可多次记账。
>
> (2) 记账过程中,不可人为终止记账。
>
> (3) 若T3软件中“总账”→“凭证”菜单下无“恢复记账前状态”功能,则需要以账套主管身份登录系统,执行“总账”→“期末”→“对账”命令,再按下Ctrl+H键,激活/隐藏菜单中的“恢复记账前状态”功能。

【实训任务】

以账套主管身份登录信息门户,对凭证进行审核签字并记账;取消记账后再记账。

【实训指导】

(1) 输入或选择以下信息:用户名“101”;密码“空”;账套“000”;会计年度“2021”;操作日期“2021-01-31”。

(2) 执行“总账”→“凭证”→“审核凭证”命令,进入“凭证审核查询”窗口,确定查询条件,单击“确认”按钮,进入“凭证审核”窗口,单击“签字”按钮,凭证底部的“审核”处便会自动签上审核人姓名,如图4-30所示。

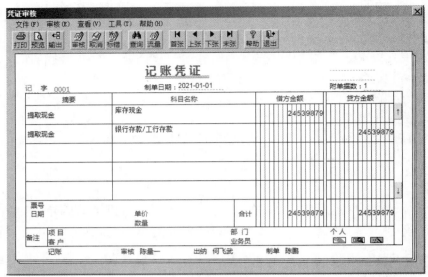

图4-30　审核凭证

（3）执行"总账"→"凭证"→"记账"命令，进入"记账"窗口，单击"全选"按钮，如图 4-31 所示。

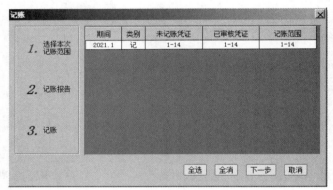

图4-31　选择记账凭证

（4）单击"下一步"按钮，进入"记账"窗口，单击"记账"按钮即可得到如图 4-32 所示结果。

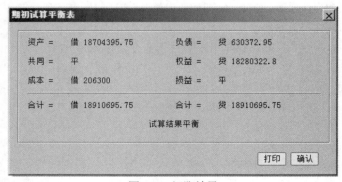

图4-32　记账结果

(5) 执行"总账"→"凭证"→"恢复记账前状态"命令，进入"恢复记账前状态"窗口，单击"确定"按钮即可取消记账，如图 4-33 所示。

图4-33　恢复记账前状态

(6) 再次记账。

活动三　期间损益结转

【实训准备】

期间损益结转是指在会计期末将损益类科目的余额结转到本年利润科目中，从而及时反映企业利润的盈亏情况。期间损益结转包括期间损益定义和期间损益生成。用户应该将所有未记账凭证审核记账后，再进行期间损益结转。执行此功能后，一般系统能够自动搜索和识别需要进行损益结转的所有科目(即损益类科目)，并将它们的期末余额(即发生净额)转到本年利润科目中。损益类科目结转表中的本年利润科目必须是末级科目。畅捷通 T3(云平台)软件提供了生成一张(收入支出合并)或两张(收入支出分开)期间损益凭证的选择。

【实训任务】

以会计身份登录信息门户，执行期间损益结转设置与制单；以主管身份对生成的凭证进行审核与记账。

【实训指导】

(1) 输入或选择以下信息：用户名"102"；密码"空"；账套"000"；会计年度"2021"；操作日期"2021-01-31"。

(2) 执行"总账"→"期末"→"转账定义"→"期间损益"命令，进入"期间损益结转设置"窗口，输入本年利润科目"3103"，单击"确定"按钮即可完成设置，如图 4-34 所示。

图4-34　期间损益结转设置

（3）执行"总账"→"期末"→"转账生成"命令，进入"转账生成"窗口，单击"期间损益结转"单选按钮，如图 4-35 所示。

图4-35　转账生成1

（4）类型选择"收入"，单击"全选"按钮，同时勾选左下角"包含未记账凭证"复选框，如图 4-36 所示。

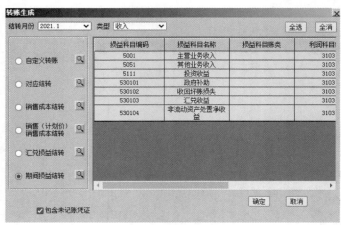

图4-36　转账生成2

(5) 单击"确定"按钮，系统会自动生成一张结转收入的凭证，单击"保存"按钮，如图 4-37 所示。

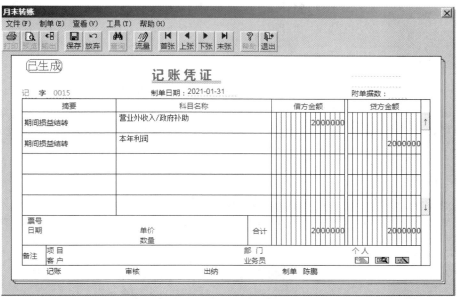

图4-37 期间损益结转——结转收入

(6) 再次进入"期间损益结转"窗口，类型选择"支出"，单击"全选"按钮，并勾选"包含未记账凭证"复选框。单击"确定"按钮，即可查看凭证，确认无误后，单击"保存"按钮，如图 4-38 所示。

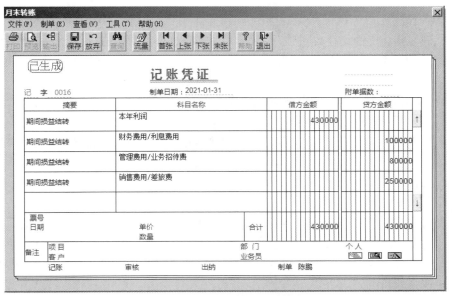

图4-38 期间损益结转——结转支出

(7) 以主管身份进入系统，对生成的凭证进行审核、记账，与之前的操作一致。

活动四　对账和结账

【实训准备】

一、对账

在月份和年度终了时，应将账簿记录核对清楚，使账簿资料如实反映情况，为编制会计报表提供可靠的资料。核对账目是保证账簿记录正确性的一项重要工作，对账的内容包括账证核对、账账核对和账实核对。为了保证账证相符、账账相符和账实相符，用户应该经常进行对账，至少一个月一次，一般可在月末结账前进行。只有对账正确，才能进行结账操作。

1. 账证核对

账证核对是指将账簿记录同记账凭证及其所附的原始凭证进行核对。账证核对在日常记账过程中就应进行，以便及时发现错账进行更正。账证核对是保证账账相符、账实相符的基础。

2. 账账核对

账账核对是指将各种账簿之间的相关数字进行核对，主要包括以下核对内容。

(1) 核对总分类账各账户本期借方发生额合计与贷方发生额合计是否相等。

(2) 核对总分类账各账户借方余额合计与贷方余额合计是否相符。

(3) 核对各种明细账及现金、银行存款日记账的本期发生额及期末余额同总分类账中有关账户的余额是否相等。

以上核对工作一般通过编制总分类账户发生额及余额表和明细账户发生额及余额表进行。

3. 账实核对

账实核对是指将账面结存数同财产物资、款项等的实际结存数进行核对。这种核对是通过财产清查进行的，主要包括以下内容。

(1) 银行存款日记账的余额同开户银行送来的对账单核对相符。

(2) 现金日记账的余额与现金实际库存数核对相符。

(3) 财产物资明细账的结存数量与其实存数量核对相符。

当对账出现错误或记账有误时，可以使用"恢复记账前状态"功能进行检查、修改，直到对账正确为止。

二、结账

企业在每月月底都要进行结账，结账实际上就是计算和结转各账簿的本期发生额和期末余额，以便根据账簿记录编制会计报表。会计电算化方式下的结账工作与手工操作相比简单得多。结账是一种批量数据处理工作，每月只结账一次，主要是对当月日常处理的终止和对下月账簿的初始化，由系统自动完成。

1. 结账前检查工作

(1) 检查本月业务是否全部记账，若有未记账凭证则不能结账。

(2) 月末结转必须全部生成并记账，否则本月不能结账。

(3) 检查上月是否已结账，如果上月未结账，则本月不能记账。

(4) 核对总账与明细账、主体账与辅助账、总账系统与其他子系统数据是否一致，若不一致则不能结账。

(5) 检查损益类账户是否全部结转完毕，若未完成则本月不能结账。

(6) 若其他子模块已启用，应检查其他子模块是否已结账，若其他子模块没有结账则本月总账不能结账。

2. 结账与反结账

结账前系统自动进行数据备份，结账处理就是计算本月各账户发生额合计和本月账户期末余额，并将余额结转到下月作为下月月初余额。结账完成后不得再录入本月凭证。如果结账以后发现本月还有未处理的业务或其他情况，可以进行"反结账"，取消本月结账标记，然后进行修正，再进行结账工作。

【实训任务】

以账套主管身份进行系统结账。

【实训指导】

(1) 以账套主管身份登录信息门户，输入或选择以下信息：用户名"101"；密码"空"；账套"000"；会计年度"2021"；操作日期"2021-01-31"。

(2) 执行"总账"→"期末"→"结账"命令，进入"月末结账"窗口，单击"下一步"按钮，如图4-39所示。

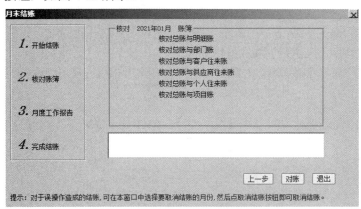

图4-39 结账——核对账簿

(3) 单击"对账"按钮，系统自动对结账月份进行核对，如图4-40所示。

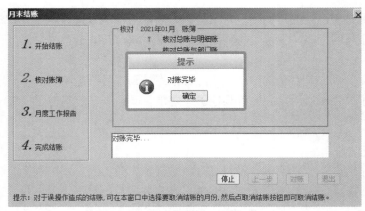

图4-40　结账——对账

(4) 单击"下一步"按钮,系统显示"2021 年 01 月工作报告",如图 4-41 所示。

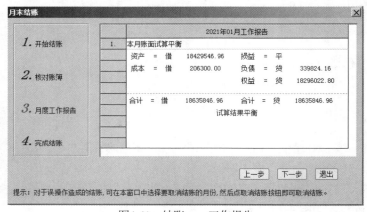

图4-41　结账——工作报告

(5) 查看工作报告后,单击"下一步"按钮。再单击"结账"按钮,若符合结账要求,系统将进行结账,否则不予结账,如图 4-42 所示。

图4-42　月末结账

(6) 若需要取消结账,可执行"总账"→"期末"→"结账"命令,单击相应月份,再单击"取消结账"按钮即可，如图 4-43 所示。

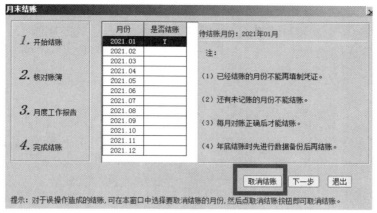

图4-43 取消结账

任务四 报表编制

财务报表是畅捷通 T3 软件中的一个子系统，与 Excel 电子表格相比，财务软件中的报表处理系统能实现与总账及其他子系统的对接，实现数据的共享与集成。

活动一 编制自定义报表

【实训准备】

畅捷通 T3 软件的报表系统具有两种工作状态，分别是格式状态和数据状态，单击"格式/数据"按钮可以切换不同状态。编制自定义报表分为以下两步：报表格式设计和报表数据处理。

一、报表格式设计

报表格式设计主要在格式状态下完成，主要包括定义报表尺寸、设置报表行高和列宽、画表格线、定义单元属性、设置关键字和报表公式。

1. 定义报表尺寸

定义报表尺寸是指设置报表的行数和列数。可事先根据要定义的报表大小，计算该报表所需的行列数，然后再进行设置。计算报表的行数时应包括标题、表头、表体、表尾四部分。如果在设计过程中发现报表尺寸有误，可以通过"编辑"菜单下的"插入"和"删除"命令来增加或减少行列数。

2. 设置报表行高和列宽

设置行高和列宽应以能够放下本表中最高数字和最宽数据为原则，否则在生成报表时，会产生数据溢出的错误。设置行高和列宽通常有两种方法：一是用鼠标对准两行之间或两列之间的分割线，待鼠标指针变形后，直接拖动到合适的位置；另一种较为精准的方法就是执行"格式"→"行高"命令后输入具体数值。

3. 画表格线

在报表界面上，虽然有灰色格线，但是在打印预览时，它是不会出现的，为了满足打印的需要，在报表尺寸设置完毕、报表输出前，还需要在适当的位置上画表格线。这样才能显示标题、表头、表体、表尾四部分。

4. 定义单元属性

定义单元属性有两个作用：一是设定单元的存放数据类型；二是设置数据的显示形式。系统默认所有单元均为数值型，而在格式状态下输入的单元均为表样型。定义单元属性包括设置单元类型、对齐方式、字体、字号、颜色及边框样式等内容。

5. 设置关键字

关键字是指能直接体现报表会计主体信息、编制报表会计期间等会引起报表数据发生变化的项目。畅捷通 T3 软件的报表系统提供了以下六种关键字。

(1) 单位名称：字符型，最多可容纳 30 个字符；即编制单位名称，若是自定义报表，此处可用单位简称。

(2) 单位编号：字符型，最多可容纳 10 个字符；即该报表编制单位的编号。

(3) 年：数字型，编制报表会计期间年度。

(4) 季：数字型，编制报表会计期间季度(1～4)。

(5) 月：数字型，编制报表会计期间月度(1～12)。

(6) 日：数字型，编制报表会计期间日度(1～31)。

关键字在格式状态下设置、数据状态下录入，两种状态均可利用"偏移"功能来进行位置调节。向右移动用正数数值，向左移动用负数数值。如果关键字设置错误，可以执行"数据"→"关键字"→"取消"命令后，重新设置。

6. 设置报表公式

报表公式主要有计算公式、审核公式和舍位平衡公式。

1) 计算公式

计算公式是指对报表数据单元进行赋值的公式，用来建立各单元之间、报表与报表之间或报表系统与其他系统之间的运算关系，是必须定义的公式。财务报表中的很多数据都来源于账簿，从账簿中获取数据是通过函数来实现的。通常分为财务函数、统计函数、数字函数、日期时间函数、本表他页取数函数、从其他报表取数计算。

● 财务函数

财务函数通常用来采集总账中的数据，使用较为频繁。常用的财务函数如表 4-6 所示。

表4-6 常用的财务函数

函数意义	中文函数名	函数名
取对方科目发生数	对方科目发生	GFS
取指定科目本期发生数	发生	FS
取指定科目借、贷发生净额	净额	JE
取指定科目累计发生额	累计发生	LFS
取指定科目期初数	期初	QC
取指定科目期末数	期末	QM

● 统计函数

统计函数一般用来完成报表内数据的统计汇总工作。常用的统计函数如表 4-7 所示。

表 4-7 常用的统计函数

函数	固定区	立体区
合计函数	PTOTAL	TOTAL
平均值函数	PAVG	AVG
计数函数	PCOUNT	COUNT
最小值函数	PMIN	MIN
最大值函数	PMAX	MAX

● 本表他页取数函数

本表他页取数函数用于从同一报表文件的其他表页中采集数据。在填制报表时,往往需要查阅历史资料,在查询过程中,可能会因为抄写错误而引起数据失真。而如果利用计算机精确无误的逻辑运算来取数,则既解决了查询的不便,又避免了数据的失真。这就需要用到表页与表页之间的计算公式。

例如,希望各页 C3 单元的数值均取当前表第一页 B4 单元的值,则可输入以下命令。

C3=B4@1

又如,在"利润表"中,累计数=本月数+同年上月累计数,若求累计数,则可以按一定关键字用"SELECT()"函数来从本表他页取数计算,输入以下命令。

D=C+SELECT(D,年@=年 and 月@=月+1)

● 从其他报表取数计算

从其他报表取数计算与本表他页取数函数的计算公式相近,主要区别是把本表表名换成他表表名。报表与报表间的计算公式分为取他表确定页号表页的数据和用关联条件从他表取数。

2) 审核公式

审核公式用于审核报表内或报表间的数据勾稽关系是否正确,审核公式不是必须定义的。审核公式由关系公式和提示信息组成,审核公式是把报表中某一单元或某一区域与另外某一单元或某一区域或其他字符之间用逻辑运算符连接起来。

3) 舍位平衡公式

舍位平衡公式用于报表数据进行进位或小数取整后调整数据，例如，将以"元"为单位的报表数据变成以"万元"为单位的报表数据，运用舍位平衡公式可以使表中的平衡关系仍然成立。舍位平衡公式不是必须定义的。

二、报表数据处理

报表数据处理主要在数据状态下完成，包括录入关键字、输入数据、自动计算等。

1. 录入关键字

在数据状态下，执行"数据"→"关键字"→"录入"命令，录入提前设置好的关键字，如单位名称、年、月、日等。

2. 输入其他数据

未设置公式的单元格，需要在数值单元或字符单元中手工输入数据。

3. 报表生成、保存、输出

完成上述工作后，将报表切换到数据状态，即可生成报表数据。对于新建的报表文件，用户需要对其进行保存。畅捷通 T3 软件中的报表文件默认以".rep"为文件拓展名来保存。

【实训任务】

以账套主管 101 的身份启用财务报表，并自定义简易资产负债表，具体要求如下。

(1) 格式设计要求如表 4-8 所示。

表4-8　简易资产负债表

编制单位：华美手表　　　　　　　　　　2021 年 01 月 31 日

资产	期末余额	负债和所有者权益	期末余额
货币资金		短期借款	
应收账款		应交税费	
固定资产		实收资本	
累计折旧		未分配利润	
合计		合计	

单位：元　　　　　　　　制表人：

(2) 尺寸设置要求：4 列，9 行；第一行与最后一行合并居中并加粗，字体大小为 19。

(3) 设置关键字。

(4) 公式设置。

(5) 进行表体区域画线。

(6) 生成并保存简易资产负债表。

【实训指导】

(1) 以账套主管身份登录信息门户(输入或选择以下信息:用户名"101";密码"空";账套"000";会计年度"2021";操作日期"2021-01-31"。),启用财务报表,生成空报表。

(2) 执行"文件"→"新建"命令,进入"新建报表"窗口,选择"常用"→"空报表",如图4-44所示。

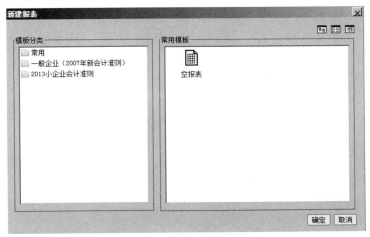

图4-44 新建报表

(3) 执行"格式"→"表尺寸"命令,将行数设置为"9",将列数设置为"4",如图4-45所示。

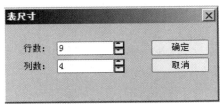

图4-45 设置表尺寸

(4) 用鼠标选择需要合并的区域"A1:D1""A9:D9",执行"格式"→"组合单元"命令,如图4-46所示。

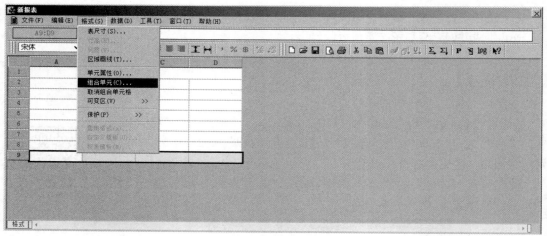

图4-46　组合单元

（5）单击 A2 单元格，执行"数据"→"关键字"→"设置"命令，进入"设置关键字"窗口，单击"单位名称"单选按钮，再单击"确定"按钮，如图 4-47 所示。

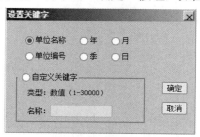

图4-47　设置关键字

（6）在 A2 单元格中设置"单位名称"关键字，并在 B2、C2、D2 单元格中依次设置年、月、日关键字，再根据表 4-8 输入文字内容，如图 4-48 所示。

	A	B	C	D
1	简易资产负债表			
2	单位名称：xxx	xxxx 年	xx 月	xx 日
3	资产	期末余额	负债和所有者权益	期末余额
4	货币资金		短期借款	
5	应收账款		应交税费	
6	固定资产		实收资本	
7	累计折旧		未分配利润	
8	合计		合计	
9	单位：元			制表人：

图4-48　输入报表项目内容

（7）选定表体部分，执行"格式"→"区域画线"命令，如图 4-49 所示。

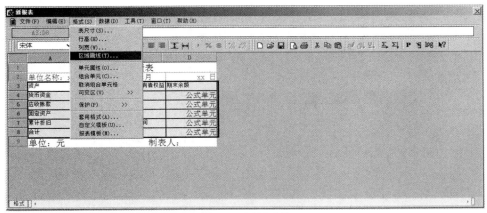

图4-49 区域画线

(8) 设置报表公式。

① 选中"货币资金"的期末余额，即在"格式"状态下，选中"B4"单元格。

② 执行"数据"→"编辑公式"→"单元公式"命令，进入"定义公式"窗口。

③ 单击"函数向导"按钮，进入"函数向导"窗口，选择函数名"期末(QM)"。

④ 单击"下一步"按钮，进入"财务函数"窗口，输入科目编码"1001"，单击"确定"按钮，如图 4-50 所示。

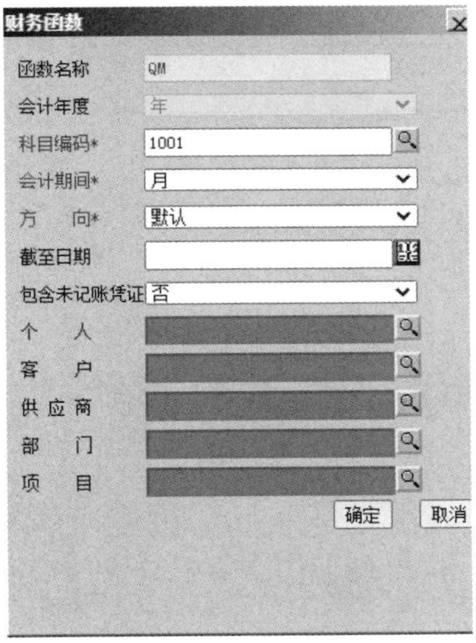

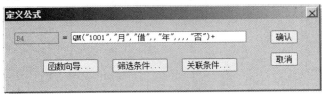

图4-50 财务函数

⑤ 再次单击"确定"按钮，返回"定义公式"窗口，如图 4-51 所示。

图4-51 定义公式

⑥ 单击"函数向导"按钮，按照"库存现金"的操作步骤，将"银行存款""其他货币资金"的期末余额公式逐一输入，合并成为"货币资金"单元格公式。"货币资金"期末余额=QM("1001","月","借",,"年",,,,"否")+QM("1002","月","借",,"年",,,,"否")+QM("1012","月","借",,"年",,,,"否")，如图 4-52 所示。

图4-52　设置货币资金末期余额公式

⑦ 根据要求，完成其余项目公式设置，其中"固定资产净值"="固定资产"期末余额-"累计折旧"期末余额，"未分配利润"="利润分配-未分配利润"+"本年利润"贷方余额。

⑧ 单击左下角"格式"按钮，切换到"数据"状态，如图 4-53 所示。

	A	B	C	D	
1	简易资产负债表				
2	广州市华美手表制造有限公司		2021年	1月	31日
3	资产		期末余额	负债和所有者权益	期末余额
4	货币资金		6455151.21	短期借款	240000.00
5	应收账款		56500.00	应交税费	4918.21
6	固定资产		8518895.75	实收资本	15000000.00
7	累计折旧		440604.25	未分配利润	3296022.80
8	合计		15471151.21	合计	18540941.01
9	单位：元			制表人：	

图4-53　公式设置

备注：上表中未包含资产负债表所有项目，故报表中资产与负债和所有者权益金额不等。

(9) 执行"数据"→"关键字"→"录入"命令，进入"录入关键字"窗口，录入单位名称，以及年、月，如图 4-54 所示。

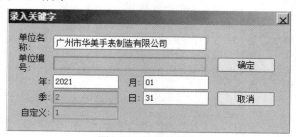

图4-54　录入关键字

(10) 将该表命名为"简易资产负债表"，保存文件即可。

活动二　利用模板编制报表

【实训任务】

以账套主管 101 身份启用财务报表，并利用模板生成资产负债表与利润表。

【实训指导】

(1) 输入或选择以下信息：用户名"101"；密码"空"；账套"000"；会计年度"2021"；操作日期"2021-01-31"。

(2) 执行"文件"→"新建"命令，进入"新建报表"窗口。选择"2013 小企业会计准则"→"资产负债表"，如图 4-55 所示。

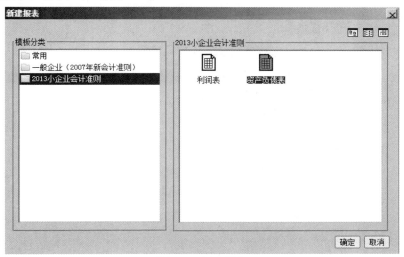

图4-55　新建报表

(3) 单击左下角"格式"按钮，切换到"数据"状态，执行"数据"→"关键字"→"录入"命令，进入"录入关键字"窗口，录入如图 4-56 所示的关键字。

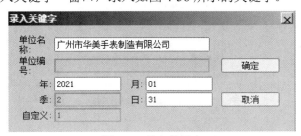

图4-56　录入关键字

(4) 单击"确定"按钮，生成资产负债表，如图 4-57 所示。

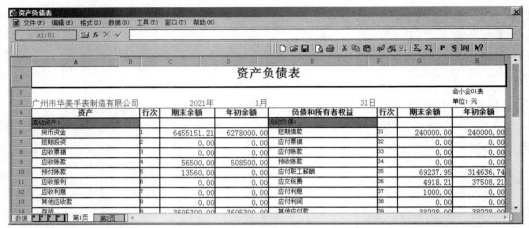

图4-57　资产负债表

(5) 将该表以"资产负债表"命名，保存到考生文件夹中，如图 4-58 所示。

图4-58　保存资产负债表

(6) 根据"资产负债表"的操作，生成"利润表"，同时以"利润表"命名保存到考生文件夹中即可，如图 4-59 所示。

图4-59　生成并保存利润表

∞ 巩固练习 ∞

任务一　总账模块初始设置

一、单选题

1. 账务系统初始数据录入后一般要通过(　　)检验是否满足公式"资产=负债+所有者权益"，不符合等式的输入数据必然有错。

　　A. 试算平衡　　　　　B. 分析比较　　　　C. 报表　　　　　D. 账簿

2. 在凭证规则的制单控制中，不包括(　　)。

　　A. 资金及往来赤字控制　　　　　　B. 预算控制及支票控制

　　C. 制单人员控制　　　　　　　　　D. 现金流量控制

3. 在账务处理系统中，下列设置可以不在初始化时完成的是(　　)。

　　A. 凭证类型设置　　B. 自动转账凭证设置　　C. 会计科目设置　　D. 结算方式设置

4. 在账务处理系统中，下列工作必须在初始化时完成的是(　　)。

　　A. 凭证类型设置　　　　　　　　　B. 账簿格式设置

　　C. 常用摘要设置　　　　　　　　　D. 自动转账凭证设置

5. 用户设置的每一种外币，除了给出货币代码、名称、折算方式、小数位数之外，还应选定是固定汇率还是浮动汇率，并至少给出本期(　　)。

　　A. 期末汇率　　　B. 期末余额　　　　　C. 期初汇率　　　D. 期初余额

二、多选题

1. 制单控制限定了在填制凭证时系统应对哪些操作进行控制，主要包括(　　)。

　　A. 制单序时控制　　　　　B. 支票控制　　　　　　C. 资金及往来赤字控制

　　D. 制单权限控制到科目　　E. 允许修改、作废他人填制的凭证

　　F. 可以使用其他系统受控科目　　G. 现金流量项目必录

2. 凭证控制包括(　　)。

　　A. 打印凭证页脚姓名　　　　B. 凭证审核控制到操作员

　　C. 出纳凭证必须经由出纳签字　　D. 未审核的凭证允许记账

　　E. 打印项目核算凭证时，显示项目分类编码

3. 试算平衡包括(　　)。

　　A. 期初余额试算平衡　　　　B. 期末余额试算平衡

　　C. 发生额试算平衡　　　　　D. 借方发生额试算平衡

三、判断题

1. 科目余额与发生额的输入必须在会计科目、核算项目、货币的初始设置完成前进行。

　　　　　　　　　　　　　　　　　　　　　　　　　　　　　　　(　　)

2. 凭证制单控制主要包括资金及往来赤字控制、预算控制、支票控制、现金流量控制等内容。　　　　　　　　　　　　　　　　　　　　　　　　　　　　　　（　　　）

3. 科目名称一般用汉字或英文字符表示，系统只在输出时使用。　　　　　（　　　）

4. 需要输入账务系统的初始数据主要包括科目本位币、外币、数量的年初余额与本年累计发生额，以及辅助核算项目的年初余额与本年累计发生额。　　　　　　　（　　　）

5. 账务系统必须对记账凭证进行分类管理，即必须将记账凭证设为收付转或其他若干种类。　　　　　　　　　　　　　　　　　　　　　　　　　　　　　　　（　　　）

任务二　总账模块日常业务处理

一、单选题

1. 下列处理功能不属于凭证处理的是(　　　)。
    A. 填制凭证　　　　B. 审核凭证　　　　C. 凭证记账　　　　D. 凭证保管

2. 在账务系统中记账凭证按其形成方式可以分为几类，但其中不包括(　　　)。
    A. 手工填制的记账凭证　　　　　　　B. 内部转账生成的凭证
    C. 报表系统生成的凭证　　　　　　　D. 由应收应付等系统生成的凭证

3. 凭证输入时，会计科目代码应输入(　　　)代码。
    A. 一级科目　　　　B. 二级科目　　　　C. 三级科目　　　　D. 最明细级科目

4. 凭证处理的主要流程是凭证的(　　　)。
    A. 输入→修改→记账　　　　　　　　B. 输入→审核→记账
    C. 输入→汇总→打印　　　　　　　　D. 导入→审核→导出

5. 下列不属于凭证输入基本内容的是(　　　)。
    A. 凭证编号　　　　B. 凭证类型　　　　C. 业务摘要
    D. 会计科目　　　　E. 借贷金额　　　　F. 科目余额

6. 凭证输入界面是一个集成界面，但该界面一般不提供(　　　)功能。
    A. 放弃　　　　　　B. 账簿　　　　　　C. 预览　　　　　　D. 流量

7. 凭证输入界面是一个集成界面，但该界面一般不提供凭证(　　　)功能。
    A. 增加　　　　　　B. 保存　　　　　　C. 打印　　　　　　D. 记账

8. 在凭证输入过程中，下列数据不允许直接从键盘输入的是(　　　)。
    A. 科目名称　　　　B. 附件张数　　　　C. 科目代码　　　　D. 借贷金额

9. 凭证记账的一般过程是(　　　)。
    A. 合法性检查→记账→备份　　　　　B. 凭证汇总→合法性检查→记账
    C. 记账→备份→合法性检查　　　　　D. 选择凭证→合法性检查→记账

10. 取消审核签名只能由(　　　)进行。
    A. 审核人自己　　　B. 电算主管　　　　C. 凭证输入人员　　D. 电算维护人员

11. 在凭证输入过程中，下列数据必须直接用手工输入的是(　　　)。
    A. 凭证编号　　　　B. 科目代码　　　　C. 业务摘要　　　　D. 借贷金额

12. 在账务系统中，辅助数据一般随(　　)一起输入系统。

    A. 凭证　　　　　　　　B. 账簿　　　　　　　　C. 报表　　　　　　　　D. 档案

13. 在凭证输入过程中，系统对下列数据无法进行检验的是(　　)。

    A. 凭证日期　　　　　　　　B. 凭证编号　　　　　　　　C. 业务摘要

    D. 科目代码　　　　　　　　E. 借贷金额　　　　　　　　F. 附件张数

14. 下列有关凭证审核的说法中错误的是(　　)。

    A. 拒绝录入人员审核自己录入的凭证

    B. 审核人员在审核过程中发现凭证错误可以进行修改

    C. 凭证一经审核就不能再修改或删除

    D. 若要修改或删除审核过的凭证必须先取消审核签名

15. 在凭证录入时会计科目应使用(　　)输入。

    A. 科目代码　　　　B. 科目名称　　　　C. 科目方向　　　　D. 科目余额

16. 凭证记账过程中的合法性检查的内容不包括检查(　　)。

    A. 凭证是否经过审核　　　　　　　　B. 凭证号是否连续

    C. 借贷金额是否平衡　　　　　　　　D. 是否有删除的凭证

17. 账务处理主要是凭证处理，它的三个关键环节是凭证的(　　)。

    A. 输入、审核、记账　　　　　　　　B. 输入、查询、修改

    C. 修改、汇总、记账　　　　　　　　D. 审核、汇总、记账

18. 账务系统的"冲销凭证"功能是指自动制作一张与错误凭证科目相同、(　　)的凭证。

    A. 金额相同　　　　B. 金额相反　　　　C. 凭证号相同　　　　D. 凭证字不同

19. 当凭证中有设置为现金流量的科目时，操作员必须确定相应的(　　)与金额。

    A. 资产项目　　　　B. 现金流量表　　　　C. 负债项目　　　　D. 现金流量项目

20. 在账务系统中有两个地方涉及登记支票登记簿，其一是领用支票，其二是填制涉及支票报销的(　　)。

    A. 明细分类账　　　　B. 银行存款日记账　　　　C. 总分类账　　　　D. 记账凭证

二、多选题

1. 在账务系统的凭证处理中，三个最基本的业务环节是(　　)。

    A. 凭证录入　　　　　　B. 凭证查询　　　　　　C. 凭证修改

    D. 凭证审核　　　　　　E. 凭证记账　　　　　　F. 凭证汇总

2. 记账后修改错误凭证的方法有(　　)。

    A. 直接修改错误凭证　　　　　　　　B. 补录红字冲销凭证和正确凭证

    C. 补录一张差额凭证　　　　　　　　D. 删除错误凭证后再输入正确凭证

3. 在凭证输入过程中系统对会计科目的检验内容可能包括(　　)。

    A. 检查科目与借贷金额是否一致　　　　B. 检查科目与凭证类型是否一致

    C. 检查借贷科目是否非法对应科目　　　　D. 检查科目是否存在和是否为最明细级

4. 凭证记账的一般步骤包括(　　)。

    A. 选择记账凭证　　　B. 审核记账凭证　　　C. 合法性检查　　　D. 正式开始记账

5. 在凭证输入过程中，系统能够对其进行自动检验的数据包括( )。

  A. 凭证日期　　　　B. 凭证字　　　　C. 凭证号

  D. 业务摘要　　　　E. 科目代码　　　　F. 金额

三、判断题

1. 在凭证输入过程中系统一般能对凭证日期、凭证号、科目代码、摘要和金额进行自动检验。　　　　　　　　　　　　　　　　　　　　　　　( )

2. 发现凭证有误，可随时删除或修改。　　　　　　　　　　　　　　( )

3. 取消审核签名只能由审核人自己进行。　　　　　　　　　　　　　( )

4. 在账务系统中一般允许审核人员修改凭证的内容。　　　　　　　　( )

5. 在账务系统中输入记账凭证时，会计科目可以不用代码而直接用汉字输入。 ( )

6. 在凭证处理中不允许任何操作员审核自己输入的凭证。　　　　　　( )

7. 红字冲销凭证不需要审核就可以记账。　　　　　　　　　　　　　( )

8. 在填制记账凭证时，科目代码的输入必须为最明细级的。　　　　　( )

9. 登账后若发现凭证有错误，可取消登账和审核后修改。　　　　　　( )

10. 凭证摘要可以直接输入也可以从摘要库中选择输入，特殊凭证允许没有摘要。 ( )

任务三　总账模块期末处理

一、单选题

1. 手工对账的具体方法是由人工核对对账单文件，对自动对账没有对出的一些( )用手工勾对来进行调整。

  A. 未达账项　　　B. 已达账项　　　C. 银行对账单　　　D. 银行日记账

2. 银行对账系统初始化的主要工作是将启用对账功能的前一期间( )的未达账项输入系统中。

  A. 银行一方　　　B. 企业一方　　　C. 银行与企业双方　　D. 银行与企业任意一方

3. 在系统初始化阶段银行对账模块的工作仅限于( )。

  A. 输入启用时刻企业和银行双方的未达账项及期初余额

  B. 输入本期银行存款日记账及期初余额

  C. 输入本期银行对账单及期初余额

  D. 输入本期银行存款日记账、银行对账单及期初余额

4. 下列功能不属于出纳管理模块的是( )。

  A. 支票管理　　　　　　　　　　　B. 输出日记账和资金日报表

  C. 输出明细分类账　　　　　　　　D. 银行对账

5. 在日常账务处理中往来核算信息进入系统的方式是( )。

  A. 随记账凭证汇总自动生成　　　　B. 随记账凭证一起输入系统

  C. 在进行销账处理时输入系统　　　D. 在进行结账处理时输入系统

6. 辅助核算的日常处理主要是输入业务数据和进行必要的处理，其中的业务数据(   )。
    A. 在初始化时输入   B. 在审核时输入
    C. 在记账时输入   D. 随凭证一起输入

7. 下列功能不属于银行对账模块的是(   )。
    A. 输出银行存款日记账   B. 银行对账初始化
    C. 输入银行对账单   D. 自动或手工对账

8. 正式进入结账处理后的主要工作不包括(   )。
    A. 备份账套数据   B. 编制结转损益凭证
    C. 年末结账要执行年度初始化   D. 往来核销

9. 为了实现自动转账，用户在系统初始化时要执行转账凭证的(   )功能。
    A. 录入   B. 生成   C. 审核   D. 定义

10. 转账凭证的定义内容主要包括转账序号、凭证类型、转账类型、摘要、科目代码、借贷、(   )等。
    A. 金额   B. 余额   C. 金额计算公式   D. 余额计算公式

二、多选题

1. 计算机出纳管理的主要功能包括(   )。
    A. 凭证签字   B. 支票管理   C. 银行对账   D. 输出日记账和资金日报表

2. 日常进行银行对账涉及的主要工作包括(   )。
    A. 输入银行存款日记账   B. 输入银行对账单
    C. 自动和手工对账   D. 编制银行存款余额调节表

3. 辅助核算初始化的主要工作包括(   )。
    A. 设置会计科目代码   B. 对会计科目定义辅助核算属性
    C. 设置核算种类与具体核算项目 D. 输入核算项目的余额或未清的业务

4. 结账要在本期所有业务处理完毕之后进行，所以系统在结账之前必须检查(   )。
    A. 本期是否还有未过账的凭证 B. 是否已经进行银行对账
    C. 是否已经执行期末调汇   D. 是否已经进行结转损益

5. 查询总分类账时需要显示的数据包括总账科目的(   )。
    A. 本期期初余额   B. 本期借方和贷方发生额
    C. 本期期末余额   D. 本年借方和贷方累计发生额

三、判断题

1. 银行对账可以采用自动对账与手工勾对相结合的方式去完成。   (   )
2. 银行对账的初始化主要是输入银行对账单。   (   )
3. 结账处理一般设计成一个向导，其操作流程是：开始结账→核对账簿→月度工作报告→执行结账。   (   )
4. 账务系统期末转账的特点之一是：转账凭证可以自动编制。   (   )
5. 账务系统结账后才能输出已结账期间的正式会计报表、总账和明细账。   (   )
6. 账务系统期末转账的特点之一是：要求转账前其他业务凭证必须输入系统。 (   )

7. 账务系统结账一般由会计主管和出纳人员共同确认和执行。 （　　）

8. 为防止系统因故障、感染病毒等不可预料的情况而造成数据丢失，用户应该每天对账套进行备份和恢复。 （　　）

任务四　报表编制

一、单选题

1. 下列功能不属于报表定义的是(　　)。

    A. 单元格式定义　　B. 单元数据定义　　C. 增加或删除表页　　D. 审核公式定义

2. 报表单元是构成报表(　　)的基本元素。

    A. 表头　　　　　　B. 表体　　　　　　C. 表尾　　　　　　D. 附注

3. 下列报表中可以设计成预置报表的是(　　)。

    A. 资产负债表　　　B. 科目余额表　　　C. 利润表　　　　　D. 现金流量表

4. 下列有关自定义报表的叙述中错误的是(　　)。

    A. 由用户自己定义报表的格式、数据来源及计算方法

    B. 系统按程序规定的途径取得数据并输出由系统设定格式的报表

    C. 编制自定义报表必须使用通用报表系统提供的功能

    D. 改变报表格式时用户只需修改原先的定义，而不必修改系统程序

5. 报表单元的内容不可以是(　　)。

    A. 计算公式　　　　B. 审核公式　　　　C. 舍位平衡公式　　D. 另一个表格

6. 有些报表系统将屏幕报表分为两种状态，即(　　)。

    A. 字符状态和图形状态　　　　　　　B. 常数状态和变数状态

    C. 格式状态和数据状态　　　　　　　D. 固定状态和变动状态

7. 下列处理需要在报表数据状态下进行的是(　　)。

    A. 报表重算　　　　B. 设置表样格式　　C. 设置单元格式　　D. 定义单元公式

8. 下列报表中必须由用户自定义的是(　　)。

    A. 利润分配表　　　B. 科目余额表　　　C. 科目汇总表　　　D. 试算平衡表

9. 在计算机中会计报表按其编制方式大体可以分为(　　)两类。

    A. 预置报表和对外报表　　　　　　　B. 对内报表和自定义报表

    C. 预置报表和自定义报表　　　　　　D. 对内报表和对外报表

10. 下列报表中不在账务处理系统中编制和输出的是(　　)。

    A. 资金日报表　　　B. 科目汇总表　　　C. 试算平衡表　　　D. 资产负债表

11. 下列功能不属于报表数据处理的是(　　)。

    A. 报表重算　　　　B. 舍位平衡　　　　C. 表页管理　　　　D. 报表模板管理

12. 报表的基本组成中不包括(　　)。

    A. 表头　　　　　　B. 表体　　　　　　C. 表尾　　　　　　D. 附注

13. 通用报表系统的操作流程一般是(　　)。

    A. 设计报表→定义数据→定义框架→修饰单元→设置打印参数

    B. 设计报表→定义框架→修饰单元→定义数据→设置打印参数

    C. 设计报表→定义框架→定义数据→修饰单元→设置打印参数

    D. 设计报表→修饰单元→定义框架→定义数据→设置打印参数

14. 下列设置内容中属于报表表样格式的是(　　)。

    A. 边框样式　　　　B. 数据颜色　　　　C. 行高列宽

    D. 数据类型　　　　E. 对齐方式　　　　F. 数字格式

15. 在报表系统中单元地址用于确定(　　)。

    A. 单元在报表中的位置　　　　　　B. 单元在账簿文件中的位置

    C. 单元在内存中的位置　　　　　　D. 单元在磁盘中的存储位置

16. 下列有关报表单元的说法中错误的是(　　)。

    A. 每一个单元都有自己的地址、内容和格式

    B. 单元实质上是一个变量，可以对单元执行赋值、输出等操作

    C. 整个报表的单元格式是相同的

    D. 单元内容可以是数据也可以是一个计算公式

17. 下列处理需要在报表格式状态下进行的是(　　)。

    A. 报表排序　　　B. 表页汇总　　　C. 舍位平衡　　　D. 修改报表的定义

18. 定义报表审核关系的作用是(　　)。

    A. 检查数据输入是否正确　　　　　B. 检查生成的报表是否正确

    C. 检查账簿文件是否正确　　　　　D. 检查凭证是否正确

19. 设表间取数基本形式为<表名>！<单元>，则"资产负债表！C8"表示(　　)。

    A. 取资产负债表的第3行第8列单元的值

    B. 取资产负债表的第8行第3列单元的值

    C. 取资产负债表从C列到第8行一个区域的值

    D. 取资产负债表从8列到第C行一个区域的值

20. 下列不属于报表表页管理功能的是(　　)。

    A. 增删表页　　　B. 设置关键字　　　C. 表页锁定　　　D. 设置计算公式

二、多选题

1. 报表的数据处理主要包括(　　)等功能。

    A. 报表定义　　　B. 表页管理　　　C. 表页汇总　　　D. 舍位平衡

    E. 报表排序　　　F. 报表输出

2. 在报表系统中，报表的输出形式主要有(　　)。

    A. 屏幕显示　　　B. 打印输出　　　C. 磁盘输出　　　D. 网络传输

3. 表页管理主要包括(　　)等功能。

    A. 增删表页　　　B. 设置关键字　　　C. 表页排序　　　D. 表页设计

4. 在报表系统中数据定义方法一般有(　　)两种。

    A. 用Excel命令定义　　　　　　　B. 直接在表格上定义

  C. 用Word命令定义   D. 用批命令定义

5. 报表汇总一般适用于汇总( )。

  A. 单位内部同一期间的不同报表 B. 单位内部不同期间的同一种报表

  C. 不同单位同一期间的同一种报表 D. 不同单位同一期间的不同报表

三、判断题

1. 会计报表按其编制方式大体可以分为两类，其中一类是由用户自定义的报表，由通用报表系统生成，如科目余额表、工资费用分配表等。 ( )

2. 报表定义相当于初始化，只要格式和取数关系没有改变，其定义就无须修改。 ( )

3. 报表单元是构成报表表体的基本元素，每一个单元都有自己的地址、内容和格式。( )

4. 预置报表由软件设置，用户通过菜单就可调用，如账务系统预设有科目余额表、科目汇总表、资金日报表，以及辅助核算输出的一些业务报表或分析表。 ( )

5. 会计报表按其编制方式大体可以分为两类，其中一类是由系统预先设定格式和取数关系的预置报表，由专用报表模块生成，如资产负债表、利润表等。 ( )

6. 在报表系统中表间取数一般直接按科目代码进行取数。 ( )

7. 报表重算功能的操作过程是：打开报表→选择数据状态→执行报表重算功能。 ( )

8. 在报表系统中对新表页需要命名、设置关键字及为表页设置相应的取数期间。 ( )

9. 在报表系统中修饰报表的主要工作包括设置文字的字体与大小，改变文字在单元中的位置，设置取数公式等，以使生成的报表更完美。 ( )

10. 在格式状态下只能看到报表的格式、固定单元的内容及变动单元的计算公式，看不到变动单元的具体数据。 ( )

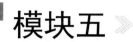

模块五 》

工资模块

【实训目标】
1. 了解工资模块初始化的主要内容和操作方法
2. 理解工资模块参数设置对其他项目及后续操作的影响
3. 熟练掌握工资公式设置及工资分摊设置
4. 掌握工资数据及个人所得税计算方法
5. 能够进行设置、查询和输出工资相关报表等操作
6. 培养认真、严谨的工作态度

工资是产品成本的重要组成部分。工资模块的主要功能是完成企业日常工资业务核算，计算应发工资、实发工资，计算个人所得税，进行工资费用的分配与计提，生成分配工资的凭证，登记有关账簿以提供查询和分析。

任务一 工资模块初始化

【实训准备】

使用会计软件处理工资业务前，必须对系统进行必要的基础设置，如对部门、人员、工资项目、计算公式等进行定义。工资模块初始化包括建立工资账套和基础信息设置两部分。

一、建立工资账套

工资账套与系统管理中的账套是不同的概念。系统管理中的账套针对整个核算系统，而工资账套只针对工资子系统。要建立工资账套，首先要在系统管理中建立本单位的核算账套。建立工资账套时可以根据建账向导分四步进行，即参数设置、扣税设置、扣零设置和人员编码。

1. 参数设置

参数设置即设置工资类别个数、币别名称，以及是否核算计件工资。

2. 扣税设置

扣税设置即选择在工资计算中是否自动进行扣税处理，核算单位需要为职工代扣代缴个人所得税的，可以在系统中勾选"是否从工资中代扣个人所得税"复选框。

3. 扣零设置

扣零处理是指每次发放工资时将零头扣下，暂不发放，积累取整，于下次工资发放时补上。

4. 人员编码

工资核算中每个职工都有一个唯一的编码，人员编码长度应结合企业部门设置和人员数量自行定义，但总长度不能超过系统提供的最高位数。

二、基础信息设置

1. 设置银行名称

企业由不同的银行代发工资，或者不同的工资类别由不同的银行代发工资，均需设置相应的银行名称。发放工资的银行可按需要设置多个银行账户。

2. 设置部门档案和人员档案

一般来讲，工资是按部门进行汇总、统计、发放并计入部门费用的，因此核算工资之前需要预先进行部门档案的设置。人员档案的设置用于登记工资发放人员的姓名、编号、所在部门、人员类别等信息，进行分摊设置时也要按人员类别将费用进行归集。

3. 设置工资项目

工资项目设置即定义工资项目的名称、类型、宽度、小数和增减项等。系统中有一些固定项目，如应发合计、扣款合计、实发合计等不能删除和重命名。其他项目可根据实际情况定义或参照增加，如基本工资、奖励工资、请假天数等。在此设置的工资项目是针对所有工资类别的全部工资项目。

4. 设置工资项目计算公式

设置计算公式就是定义某些工资项目的计算公式及工资项目之间的运算关系。设置计算公式可以直观地表达工资项目的实际运算过程，灵活地进行工资计算处理。定义公式可以通过选择工资项目、运算符、关系符及函数等组合完成。

5. 设置工资费用分摊

企业在月内发放的工资，不仅要按工资用途进行分配，而且要按工资的一定比例计提福利费、教育经费、工会经费等费用。系统提供设置费用类型和设置相应科目的功能。

【实训任务】

以账套主管身份启用工资模块，并进行工资管理模块初始设置，具体要求如下。

(1) 建立单个工资账套。

(2) 币别名称为人民币 RMB。

(3) 从工资中代扣个人所得税(税率表选择"免征额 5000∶2019 年所得税税率表按月扣除")。

(4) 不进行扣零处理。

(5) 人员编码长度为 10。

(6) 根据表 5-1 完成工资模块人员类别设置。

表5-1　人员类别

序号	类别
1	总经理
2	管理人员
3	财务主管
4	财务人员
5	行政主管
6	行政人员
7	销售采购主管
8	销售采购人员
9	车间主管
10	EP 男士手表工人
11	EP 女士手表工人

(7) 完成工资模块银行名称设置(银行名称：工行新港西路支行；账号定长 10 位)。

(8) 根据表 5-2 完成工资模块人员档案设置。

表5-2　人员档案

所属部门	职员编号	职员名称	人员类别	银行	账号	中方人员	是否计税
总经理办公室	0000000101	肖建军	总经理	工行新港西路支行	0000000001	是	是
总经理办公室	0000000102	刘明山	管理人员	工行新港西路支行	0000000002	是	是
财务部	0000000201	陈量一	财务主管	工行新港西路支行	0000000003	是	是
财务部	0000000202	陈鹏	财务人员	工行新港西路支行	0000000004	是	是
财务部	0000000203	何飞武	财务人员	工行新港西路支行	0000000005	是	是
行政部	0000000301	邓小昱	行政主管	工行新港西路支行	0000000006	是	是
行政部	0000000302	左咏枚	行政人员	工行新港西路支行	0000000007	是	是
销售采购部	0000000401	陈铁勇	销售采购主管	工行新港西路支行	0000000008	是	是

(续表)

所属部门	职员编号	职员名称	人员类别	银行	账号	中方人员	是否计税
销售采购部	0000000402	陈晓绮	销售采购人员	工行新港西路支行	0000000009	是	是
销售采购部	0000000403	刁端军	销售采购人员	工行新港西路支行	0000000010	是	是
加工车间	0000000501	邓朴遥	车间主管	工行新港西路支行	0000000011	是	是
加工车间	0000000502	曾向文	车间主管	工行新港西路支行	0000000012	是	是
加工车间	0000000503	张文辉	EP 男士手表工人	工行新港西路支行	0000000013	是	是
加工车间	0000000504	刘军	EP 男士手表工人	工行新港西路支行	0000000014	是	是
加工车间	0000000505	马向东	EP 女士手表工人	工行新港西路支行	0000000015	是	是
加工车间	0000000506	胡中华	EP 女士手表工人	工行新港西路支行	0000000016	是	是

(9) 根据表 5-3 完成工资项目设置。

表5-3　工资项目

工资项目名称	类型	长度	小数	增减项
基本工资	数字	10	2	增项
缴费工资	数字	10	2	其他
奖金	数字	10	2	增项
休息日加班天数	数字	10	2	其他
节假日加班天数	数字	10	2	其他
休息日加班工资	数字	10	2	增项
节假日加班工资	数字	10	2	增项
日工资	数字	10	2	其他
交通补贴	数字	10	2	增项
电话补贴	数字	10	2	增项
应发合计	数字	10	2	增项
养老保险	数字	10	2	减项
失业保险	数字	10	2	减项
医疗保险	数字	10	2	减项
住房公积金	数字	10	2	减项
应付工资	数字	10	2	其他
本月专项扣除	数字	10	2	减项
本月专项附加扣除	数字	10	2	减项
税前工资	数字	10	2	其他
扣款合计	数字	10	2	减项
实发合计	数字	10	2	增项
代扣税	数字	10	2	减项

(10) 根据表 5-4 完成工资公式设置。

表5-4 工资公式

工资项目	公式定义
日工资	基本工资/21.75
休息日加班工资	休息日加班天数*日工资*2
节假日加班工资	节假日加班天数*日工资*3
应发合计	基本工资+休息日加班工资+节假日加班工资
应付工资	应发合计+奖金+交通补贴+电话补贴
养老保险	缴费工资*0.08
失业保险	缴费工资*0.002
医疗保险	缴费工资*0.02
住房公积金	缴费工资*0.05
本月专项扣除	养老保险+失业保险+医疗保险+住房公积金
税前工资	应付工资-本月专项扣除-本月专项附加扣除
实发合计	应付工资-本月专项扣除-代扣税

(11) 将会计员陈鹏设置为本公司工资类别主管。

(12) 根据表 5-5 和表 5-6 完成工资类别和工资分摊设置。

表5-5 工资类别设置

类别名称	项目	分摊比例
工资	应付工资	100%
社会保险费	缴费工资	22.53%
住房公积金	缴费工资	5%

表5-6 工资分摊设置

部门名称	人员类别	工资		社会保险费		住房公积金	
		借方科目	贷方科目	借方科目	贷方科目	借方科目	贷方科目
总经理办公室、财务部、行政部	总经理、管理人员、财务主管、财务人员、行政主管、行政人员	560209	221101	560209	221104	560209	221105
销售采购部	销售采购主管、销售采购人员	560107	221101	560107	221104	560107	221105
加工车间	车间主管	4101	221101	4101	221104	4101	221105
加工车间	EP 女士手表工人、EP 男士手表工人	400102	221101	400102	221104	400102	221105

【实训指导】

(1) 输入或选择以下信息：用户名"101"；账套"000"，会计年度"2021"；操作日期"2021-01-01"。

(2) 执行"账套"→"启用"命令，进入"系统启用"窗口，选择需要启用的模块，如图 5-1 所示。

图5-1　系统启用

(3) 单击"工资"菜单项，在建账第一步"参数设置"中，选择工资类别个数为"单个"，如图 5-2 所示。

图5-2　工资参数设置

(4) 单击"下一步"按钮，在建账第二步"扣税设置"中，勾选"是否从工资中代扣个人所得税"复选框，并单击"免征额 5000：2019 年所得税税率表按月扣除"单选按钮，如图 5-3 所示。

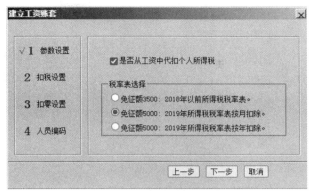

图5-3 工资扣税设置

(5) 单击"下一步"按钮，在建账第三步"扣零设置"中，不进行扣零处理，如图5-4所示。

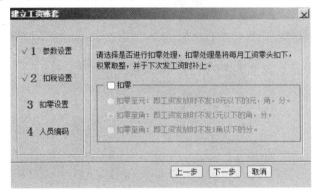

图5-4 工资扣零设置

(6) 单击"下一步"按钮，在建账第四步"人员编码"中，将人员编码长度设置为"10"，其他按系统默认处理，如图5-5所示。

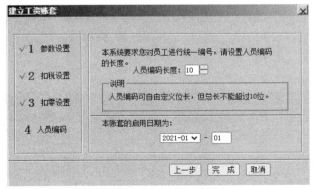

图5-5 工资人员编码设置

(7) 单击"完成"按钮，即可建立工资账套。

(8) 执行"工资"→"设置"→"银行名称设置"命令，进入"银行名称设置"窗口，单击"增加"按钮，在"银行名称"文本框中输入银行名称即可，如图5-6所示。

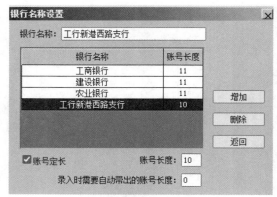

图5-6　银行名称设置

(9) 执行"工资"→"设置"→"人员类别设置"命令，进入"人员类别设置"窗口，根据表 5-1，在"类别"文本框中依次输入人员类别，如图 5-7 所示。

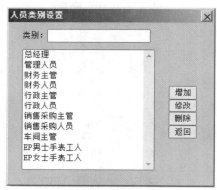

图5-7　人员类别设置

(10) 执行"工资"→"设置"→"人员档案"命令，进入"人员档案"窗口，单击"批增"按钮，进入"人员批量增加"窗口，根据表 5-2 选择需要增加的人员，单击"确定"按钮，如图 5-8 所示。

图5-8　人员批量增加

(11) 单击"修改"按钮，修改人员类别和账号，人员档案如图 5-9 所示。

图5-9 人员档案

(12) 执行"工资"→"设置"→"工资项目设置"命令，进入"工资项目设置"窗口，根据表 5-3 完成工资项目设置，如图 5-10 所示。

图5-10 工资项目设置

(13) 在"工资项目设置"窗口中的"公式设置"选项卡下，单击"增加"按钮，工资项目选择"日工资"，在"日工资公式定义"下方输入"基本工资/21.75"，输入完后单击"公式确认"按钮。根据表 5-4，依照"日工资"工资项目的公式设置，继续完成其他工资项目的公式设置，设置完毕单击右下角"确认"按钮，如图 5-11 所示。

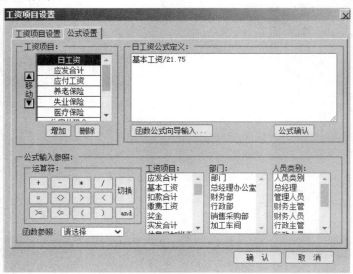

图5-11　工资项目公式设置

(14) 执行"工资"→"设置"→"权限设置"命令，进入"权限设置"窗口，选中"102"操作员，单击左上角"修改"按钮，再勾选右上角"工资类别主管"复选框，如图 5-12 所示。

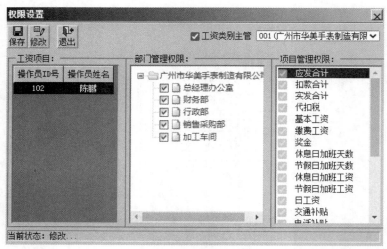

图5-12　工资权限设置

(15) 执行"工资"→"业务处理"→"工资分摊"命令，进入"工资分摊"窗口；单击右下角"工资分摊设置"按钮，进入"分摊类型设置"窗口；单击"增加"按钮，进入"分摊构成设置"窗口，根据表 5-5 输入计提类型名称"工资"、分摊计提比例"100%"，如图 5-13 所示。

图5-13 计提类型名称设置

(16) 单击"下一步"按钮,进入"修改分摊构成设置"窗口,根据表 5-6 完成工资分摊设置,如图 5-14 和图 5-15 所示。

部门名称	人员类别	项目	借方科目	贷方科目
总经理办公室	总经理	应付工资	560209	221101
总经理办公室	管理人员	应付工资	560209	221101
财务部	财务主管	应付工资	560209	221101
财务部	财务人员	应付工资	560209	221101
行政部	行政主管	应付工资	560209	221101
行政部	行政人员	应付工资	560209	221101

图5-14 工资分摊设置1

部门名称	人员类别	项目	借方科目	贷方科目
行政部	行政主管	应付工资	560209	221101
行政部	行政人员	应付工资	560209	221101
销售采购部	销售采购主管	应付工资	560107	221101
销售采购部	销售采购人员	应付工资	560107	221101
加工车间	车间主管	应付工资	4101	221101
加工车间	EP男士手表工人	应付工资	400102	221101
加工车间	EP女士手表工人	应付工资	400102	221101

图5-15 工资分摊设置2

(17) 根据上述工资分摊的设置方法分别完成社会保险费和住房公积金分摊设置,如图 5-16 和图 5-17 所示。

图5-16 社会保险费分摊设置

图5-17 住房公积金分摊设置

任务二 工资模块日常业务处理

活动一 计算职工工资

【实训准备】

工资模块的计算包括工资变动处理、工资数据计算和个人所得税计算。

一、工资变动处理

工资变动处理包括工资数据输入、修改、计算和汇总处理,即输入和修改完工资变动数据(如资金、病事假天数等)后,系统会根据设置的计算公式,自动计算和汇总应发合计、扣款合计和实发合计等工资项目。如果有职工调动事项,必须先在"人员档案"中处理,然后才能进行工资变动处理。

二、工资数据计算

工资数据计算是指按照所设置的公式计算每位职工的工资数据。

三、个人所得税计算

如果在建立账套中选择了由单位代扣代缴个人所得税，就必须进行扣缴所得税设置。用户可根据政策确定扣除基数、定义税率，系统在工资变动处理过程中自动进行扣税计算。

【实训任务】

以会计员 102 身份登录信息门户，进行工资薪酬的计算，具体要求如下。

(1) 根据表 5-7 完成工资模块职工加班天数的录入。

表5-7 职工加班统计表

职工名称	加班类型	加班天数
肖建军	休息日	2
何飞武	节假日	1
陈铁勇	节假日	2
曾向文	休息日	1

(2) 根据表 5-8 完成工资模块基础数据的录入。

表5-8 工资变动数据

职员编号	职员名称	基本工资	缴费工资	奖金	交通补贴	电话补贴
0000000101	肖建军	18 000	18 000		500	500
0000000102	刘明山	15 000	15 000		500	500
0000000201	陈量一	7 000	7 000		100	100
0000000202	陈鹏	5 000	5 000		100	0
0000000203	何飞武	4 500	4 500		100	0
0000000301	邓小昱	6 000	6 000		100	100
0000000302	左咏枚	4 500	4 500		100	0
0000000401	陈铁勇	3 000	3 000	17 744.10	200	200
0000000402	陈晓绮	3 000	3 000	8 040.90	200	200
0000000403	刁端军	3 000	3 000	1 950	200	200
0000000501	邓朴遥	10 000	10 000		100	100
0000000502	曾向文	7 000	7 000		100	100
0000000503	张文辉	7 000	7 000			
0000000504	刘军	6 000	6 000			
0000000505	马向东	6 000	6 000			
0000000506	胡中华	6 000	6 000			

(3) 根据表 5-9 和表 5-10 完成工资模块代扣代缴个人所得税的计算。

表5-9　扣缴所得税选择项目

所得项目	对应工资项目	计提基数	附加费用
工资	税前工资	5000	0

表5-10　个人所得税税率表

级次	应纳所得额下限	应纳所得额上限	税率(%)	速算扣除数
1	0	36 000	3	0
2	36 000	144 000	10	2 520
3	144 000	300 000	20	16 920
4	300 000	420 000	25	31 920
5	420 000	660 000	30	52 920
6	660 000	960 000	35	85 920
7	960 000		45	181 920

【实训指导】

(1) 输入或选择以下信息：用户名"102"；密码"空"；账套"000"；操作日期"2021-01-31"。

(2) 执行"工资"→"业务处理"→"工资变动"命令，进入"工资变动"窗口，根据表 5-7 录入职工加班天数。

(3) 根据表 5-8 录入职工工资数据，如图 5-18 所示。

姓名	部门	人员类别	基本工资	缴费工资	奖金	休息日加班天数	节假日加班天数
肖建军	总经理办公室	总经理	18000.00	18000.00	0.00	2.00	0.
刘明山	总经理办公室	管理人员	15000.00	15000.00	0.00	0.00	0.
陈星一	财务部	财务主管	7000.00	7000.00	0.00	0.00	0.
陈鹏	财务部	财务人员	5000.00	5000.00	0.00	0.00	0.
何飞武	财务部	财务人员	4500.00	4500.00	0.00	0.00	1.
邓小昱	行政部	行政主管	6000.00	6000.00	0.00	0.00	0.
左咏枚	行政部	行政人员	4500.00	4500.00	0.00	0.00	0.
陈铁勇	销售采购部	销售采购主管	3000.00	3000.00	17744.10	0.00	2.
陈晓绮	销售采购部	销售采购人员	3000.00	3000.00	8040.90	0.00	0.
刁端军	销售采购部	销售采购人员	3000.00	3000.00	1950.00	0.00	0.
邓朴通	加工车间	车间主管	10000.00	10000.00	0.00	0.00	0.
曾向文	加工车间	车间主管	7000.00	7000.00	0.00	1.00	0.
张文辉	加工车间	EP男士手表工人	7000.00	7000.00	0.00	0.00	0.
刘军	加工车间	EP男士手表工人	6000.00	6000.00	0.00	0.00	0.
马向东	加工车间	EP女士手表工人	6000.00	6000.00	0.00	0.00	0.
胡中华	加工车间	EP女士手表工人	6000.00	6000.00	0.00	0.00	0.
			111000.00	111000.00	27735.00	3.00	3.

图5-18　职工工资数据录入

（4）执行"工资"→"业务处理"→"扣缴所得税"命令，进入"栏目选择"窗口，修改对应工资项目为"税前工资"，如图5-19所示。

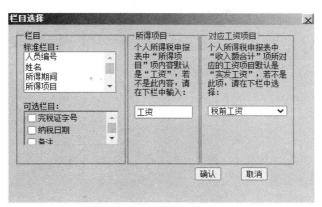

图5-19 修改对应工资项目

（5）单击"确认"按钮，进入"个人所得税"窗口；单击左上角"税率"按钮，进入"个人所得税申请表——税率表"窗口，根据表5-9修改计提基数与附加费用，根据表5-10修改应纳所得额上限、税率和速算扣除数，如图5-20所示。

（6）个人所得税扣缴申报表将重新计算，如图5-21所示。

图5-20 设置个人所得税税率表

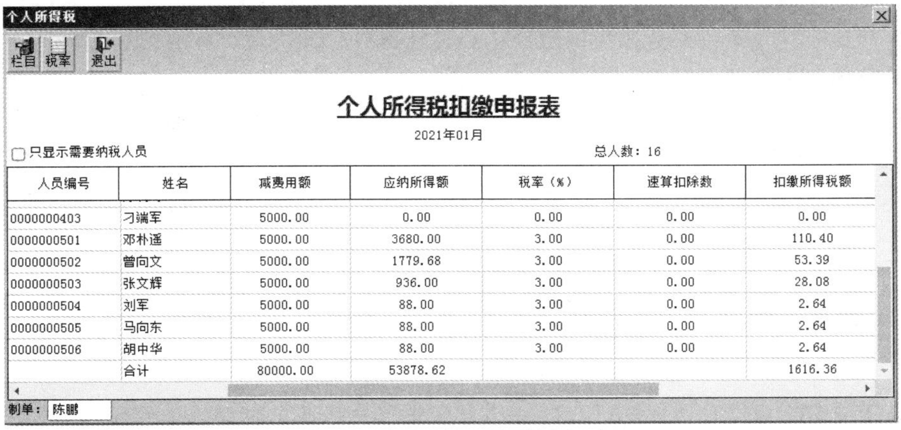

图5-21 个人所得税扣缴申报表

(7) 返回“工资变动”窗口，单击“计算”按钮，系统将重新计算工资表，计算结果如图 5-22 所示。

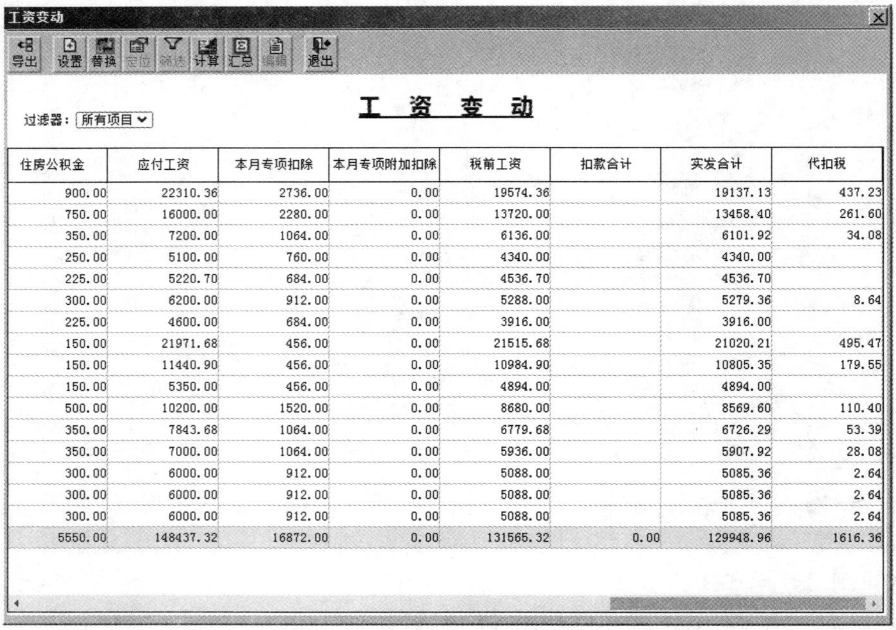

住房公积金	应付工资	本月专项扣除	本月专项附加扣除	税前工资	扣款合计	实发合计	代扣税
900.00	22310.36	2736.00	0.00	19574.36		19137.13	437.23
750.00	16000.00	2280.00	0.00	13720.00		13458.40	261.60
350.00	7200.00	1064.00	0.00	6136.00		6101.92	34.08
250.00	5100.00	760.00	0.00	4340.00		4340.00	
225.00	5220.70	684.00	0.00	4536.70		4536.70	
300.00	6200.00	912.00	0.00	5288.00		5279.36	8.64
225.00	4600.00	684.00	0.00	3916.00		3916.00	
150.00	21971.68	456.00	0.00	21515.68		21020.21	495.47
150.00	11440.90	456.00	0.00	10984.90		10805.35	179.55
150.00	5350.00	456.00	0.00	4894.00		4894.00	
500.00	10200.00	1520.00	0.00	8680.00		8569.60	110.40
350.00	7843.68	1064.00	0.00	6779.68		6726.29	53.39
350.00	7000.00	1064.00	0.00	5936.00		5907.92	28.08
300.00	6000.00	912.00	0.00	5088.00		5085.36	2.64
300.00	6000.00	912.00	0.00	5088.00		5085.36	2.64
300.00	6000.00	912.00	0.00	5088.00		5085.36	2.64
5550.00	148437.32	16872.00	0.00	131565.32	0.00	129948.96	1616.36

图5-22 个人所得税计算结果

活动二 结转职工薪酬

【实训准备】

结转职工薪酬包括职工薪酬的分摊和生成对应的记账凭证等操作，一般在月末操作完成。

一、职工薪酬的分摊

职工薪酬分摊是指对当月发生的工资费用进行工资总额的计算、分配及各种经费的计提。职工薪酬分摊项目一般包括分摊应付工资总额、计提社会保险费、住房公积金、应付福利费、职工教育经费、工会经费等。

二、生成记账凭证

根据工资费用分摊的结果及设置的借贷科目，生成对应的记账凭证并传递到账务处理模块。

【实训任务】

以会计员 102 身份登录信息门户，完成各工资项目分摊并制单。

【实训指导】

(1) 输入或选择以下信息: 用户名"102"; 密码"空"; 账套"000"; 操作日期"2021-01-31"。

(2) 执行"工资"→"业务处理"→"工资分摊"命令, 进入"工资分摊"窗口, 勾选需要制单的计提费用类型, 其他按系统默认处理, 如图 5-23 所示。

图5-23　工资分摊——计提费用类型

(3) 单击"确定"按钮, 进入"工资分摊明细"窗口, 单击"制单"按钮, 系统将自动弹出记账凭证, 选择"生产成本/直接人工"各自对应的项目, 12 000 为 EP 女士手表项目借方金额, 13 000 为 EP 男士手表项目借方金额, 单击"保存"按钮, 如图 5-24 所示。

图5-24　计提工资记账凭证

(4) 依据工资分摊制单, 依次生成社会保险费和住房公积金分摊制单, 如图 5-25 和图 5-26 所示。

图5-25 社会保险费分摊制单

图5-26 住房公积金分摊制单

任务三 工资模块期末处理

活动一 月末结账

【实训准备】

每月工资数据经处理后均需在月末进行结账，结账后，系统自动进入下月并生成下月的各种工资表。对于固定工资项目的数据，下月可继续沿用，对于变动工资项目(如奖金)的数据，由于每月有可能不相同，必须清零。

【实训任务】

以会计员身份登录系统，进行工资管理模块月末处理的操作。

【实训指导】

(1) 输入或选择以下信息：用户名"102"；密码"空"；账套"000"；操作日期"2021-01-31"。

(2) 执行"工资"→"业务处理"→"月末处理"命令，进入"月末处理"窗口，如图5-27所示。

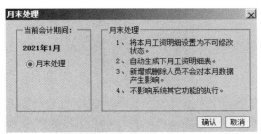

图5-27 月末处理

(3) 单击"确认"按钮，进入"选择清零项目"窗口，继续单击"确认"按钮，系统弹出"提示"对话框，单击"确定"按钮即可，如图5-28所示。

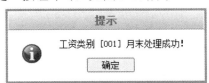

图5-28 工资模块月末处理

※ 思维拓展

工资模块反结账

反结账功能，就是取消已结账标记。当前月份不能反结账，只能在下一个会计月对本月进行反结账。在工资系统结账后，若发现还有一些业务，或者其他事项需要在结账前进行处理，这时账套主管就可以使用"反结账"功能取消已结账标记。当工资分摊凭证被传输到总账系统后，没有再进行任何操作，这时只需删除这些凭证即可反结账；若凭证已审核签字，必须取消审核签字并删除这些凭证后才能反结账；若凭证已记账，只有冲销这些凭证后才能反结账；总账系统已结账时不允许进行反结账。

活动二　工资账表查询

【实训准备】

工资业务处理完毕后，生成了相关的工资数据表以供用户使用，分为工资表和工资分析表两种类型。云平台只提供了工资表的查询。

工资表用于本月工资的发放和统计，主要包括工资卡、工资发放条、部门工资汇总表、人员类别汇总表等。

工资分析表是以工资数据为基础，对部门、人员类别的工资数据进行分析和比较，产生各种分析表，以供决策人使用，主要包括工资增长分析表、按月分类统计表、工资构成分析表。

【实训任务】

以会计员身份登录信息门户，并查询职工工资表。

【实训指导】

(1) 输入或选择以下信息：用户名"102"；密码"空"；账套"000"；操作日期"2021-01-31"。

(2) 执行"工资"→"统计分析"→"账表"→"工资表"命令，先单击"查看"按钮，再单击"确定"按钮，即可查询职工工资表，如图 5-29 所示。

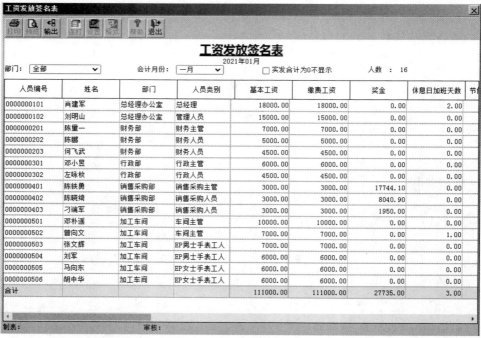

图5-29　工资发放签名表

❧ 巩固练习 ❧

⠿ 任务一 工资模块初始化

一、单选题

1. 工资核算系统的建账工作内容不包括( )。

　　A. 参数设置　　　　　B. 计算公式设置　　C. 扣税和扣零设置　D. 职工编码规则设置

2. 下列功能不属于工资系统初始设置的是( )。

　　A. 设置工资级别　　　B. 设置职工类型　　C. 设置职工档案　　D. 设置工薪税率

3. 下列不属于工资系统初始化工作项目的是( )。

　　A. 设置工资项目　　　　　　　　　　B. 设置工资类别

　　C. 设置工资费用分摊　　　　　　　　D. 工资变动处理

4. 银行账号长度不得为空，且不能超过( )位。

　　A. 9　　　　　　　　B. 10　　　　　　　C. 11　　　　　　　D. 30

5. 首次进入"工资变动"功能前，需先设置( )及其计算公式，然后再进行数据录入。

　　A. 人员类别　　　　　B. 人员档案　　　　C. 部门档案　　　　D. 工资项目

6. 如果设置某工资项目为数字型，长度为 8，小数位为 2，则该工资项目中最多可以输入( )整数。

　　A. 任意位　　　　　　B. 7位　　　　　　C. 6位　　　　　　D. 5位

7. 如果企业需要核算计件工资，则需要( )。

　　A. 在工资项目中增加"计件工资"项目

　　B. 在公式设置中增加"计件工资"的计算公式

　　C. 工资系统建账时，选择"是否核算计件工资"

　　D. 设置多个工资类别

8. 假设奖金的计算公式为"奖金=iff(人员类别="企业管理人员" AND 部门="部经理办公室"，800，iff(人员类别="车间管理人员"，500，450))"，如果某职工属于一般职工，则他的奖金为( )元。

　　A. 450　　　　　　　B. 800　　　　　　C. 500　　　　　　D. 0

9. 在工资管理系统中，人员的增减变动应该在( )中处理。

　　A. 人员档案　　　　　B. 数据上报　　　　C. 人员类别　　　　D. 工资变动

10. 如果只想输入"奖金"和"缺勤天数"两个工资项目的数据，最佳方法是利用系统提供的( )功能。

　　A. 页编辑　　　　　　B. 过滤器　　　　　C. 筛选　　　　　　D. 替换

二、多选题

1. 下列功能属于工资核算系统的是( )。

　　A. 输入各种工资数据　　　　　　　　B. 工资计算和发放
　　C. 工资费用的汇总和分配　　　　　　D. 工资系统生成凭证的审核和记账
2. 下列工资数据项中属于独立项的有(　　　)。
　　A. 交通补贴　　　　B. 职务工资　　　C. 奖励工资　　　D. 加班补贴
3. 下列工资项目中，需要定义计算公式的有(　　　)。
　　A. 基本工资　　　　B. 岗位工资　　　C. 加班补贴　　　D. 缺勤扣款

三、判断题

　　1. 工资模块的初始设置主要包括会计科目、核算项目、工资类别、工资项目、计算公式、职工类别、职工档案等。　　　　　　　　　　　　　　　　　　　　　　　(　　)
　　2. 一个单位可以建立多个工资类别，不同类别的职工部门、人员、工资项目和计算公式都可以不同。　　　　　　　　　　　　　　　　　　　　　　　　　　　　　(　　)
　　3. 工资类别与职工类别是相同的概念。　　　　　　　　　　　　　　　(　　)
　　4. 工资项目即工资文件的数据项，工资模块应该固定工资项目的组成结构。　(　　)
　　5. 在工资系统中，非独立项的计算方法必须由软件系统预先设定。　　　　(　　)

任务二　工资模块日常业务处理

一、单选题

1. 在进行工资费用分摊类型设置时，分配工资的计提项目是(　　　)。
　　A. 应发合计　　　　B. 缴费工资　　　C. 实发工资　　　D. 计税工资
2. 在进行工资费用分摊类型设置时，计提社会保险费和住房公积金的计提项目是(　　　)。
　　A. 应发合计　　　　B. 缴费工资　　　C. 实发工资　　　D. 计税工资
3. 在进行工资费用分摊类型设置时，财务人员工资分配项目是(　　　)。
　　A. 管理费用　　　　B. 财务费用　　　C. 生产成本　　　D. 销售费用
4. 工资系统自动生成的记账凭证如果有错，只能在(　　　)中修改或删除。
　　A. 账务处理系统　　B. 报表系统　　　C. 成本核算系统　D. 工资核算系统
5. 工资分配后生成的是(　　　)。
　　A. 转账凭证　　　　B. 收款凭证　　　C. 付款凭证　　　D. 银行付款凭证
6. 通过工资分摊生成的会计凭证，将传递到(　　　)。
　　A. 销售模块　　　　B. 报表模块　　　C. 固定资产模块　D. 账务处理模块
7. 下列各项中，不属于工资管理模块日常处理的工作是(　　　)。
　　A. 工资计算　　　　　　　　　　　　B. 设置工资项目计算公式
　　C. 个人所得税计算　　　　　　　　　D. 工资分摊

二、多选题

1. 工资管理模块一般提供的数据输入方式有(　　　)。

    A. 单个记录录入   B. 成组数据录入 C. 公式计算   D. 按条件成批替换

2. 在工资系统中工资分摊设置内容主要包括( )。

    A. 计提基础   B. 借贷科目   C. 计提比例   D. 计提金额

3. 工资模块费用分配工作主要包括( )。

    A. 计算应付工资和福利费   B. 将工资费用按用途进行分配

    C. 自动编制费用分配转账凭证   D. 将工资费用按人员分配

三、判断题

1. 工资模块的计算包括工资变动处理、工资数据计算和个人所得税计算等。   ( )

2. 工资模块生成的记账凭证，最后传递到账务处理模块并能够进行修改。   ( )

3. 在工资模块中，费用计提设置内容主要包括计提哪些费用，以及计提的基数和比例。( )

4. 银行代发工资要求工资模块具有设置银行文件格式、类型及制作等功能。   ( )

5. 职工薪酬分摊是指对上月发生的工资费用进行工资总额的计算、分配及各种经费的计提。   ( )

任务三　工资模块期末处理

一、单选题

1. 下列各项中，属于工资管理模块期末处理的工作是( )。

    A. 期末结账   B. 工资表数据计算   C. 个人所得税计算   D. 工资分摊

2. 月末结转时将要生成新月份的工资数据表，该表需要从本月复制的数据是( )。

    A. 变动数据项   B. 固定数据项   C. 数值数据项   D. 所有数据项

3. 月末结转时将要生成新月份的工资数据表，在该表中需要清零的是( )。

    A. 变动数据项   B. 固定数据项   C. 字符数据项   D. 数值数据项

二、多选题

1. 工资表用于本月工资的发放和统计，以下属于工资表的是( )。

    A. 工资发放签名表   B. 工资发放表

    C. 工资项目构成分析表   D. 部门工资汇总表

2. 工资分析表是通过对工资各项资料的分析得来的，包括( )。

    A. 工资发放签名表   B. 部门工资构成分析表

    C. 分类统计表   D. 工资项目分析表

三、判断题

1. 在工资模块中，可以对当月调出、退休、离休的职工记录进行永久性删除。   ( )

2. 在工资模块中，扣零设置用于确定扣零类型，如扣零至角、扣零至元等。   ( )

3. 工资模块每月必须将工资费用分配表以记账凭证的形式直接提供给成本系统。   ( )

模块六 》

固定资产模块

【实训目标】
1. 理解固定资产模块初始化参数的含义
2. 掌握固定资产初始化、卡片管理及资产增减变动的处理方法
3. 掌握固定资产折旧的相关处理操作
4. 掌握固定资产模块的期末处理操作

固定资产模块不仅可以帮助企业进行固定资产日常业务的核算和管理，还可以帮助企业进行固定资产净值、累计折旧数据的动态管理。该模块的主要功能有生成固定资产卡片，按月反映固定资产的增加、减少、原值变化及其他变动并输出相应的增减变动明细账，按月自动计提折旧，生成折旧分配凭证等。

固定资产管理系统中资产的增加、减少以及原值和累计折旧的调整、折旧计提都要将有关数据通过记账凭证的形式传输到总账系统，同时通过对账保持固定资产账目与总账的平衡。

任务一　固定资产模块初始化

在初次使用固定资产模块时，要进行初始化设置，这是使用固定资产系统管理资产的首要操作，是根据单位的具体情况，建立一个适合本单位的固定资产子系统的过程。

活动一　固定资产模块初始化设置

【实训准备】

固定资产模块的初始化设置包括设置控制参数、设置基础信息和录入原始卡片。

一、设置控制参数

1. 约定及说明

约定及说明列示了固定资产账套的基本信息和相关资产处理的基本原则。

2. 启用月份

启用月份是指固定资产管理模块开始使用的时间，固定资产管理模块的启用会计期间不得早于系统中该账套建立的期间，例如，本企业的账套数据为 2021 年 1 月建立，则固定资产管理模块可启用于 2021 年 1 月及以后。

3. 折旧信息

设置折旧信息，即确定是否计提折旧、采用什么方法计提折旧、多长时间进行折旧汇总分配。

4. 编码方式

固定资产编码是区分每一项固定资产的唯一标识。在固定资产系统中需要对每一项资产所属的资产类别及资产本身进行编码管理，此处是指设定编码的原则。

5. 账务接口

如果固定资产和总账系统集成使用总账系统中管理"固定资产"和"累计折旧"科目的总账，则固定资产系统管理每一项固定资产和折旧计算的详细情况，但两者应该存在相等关系。

6. 其他参数

在固定资产初始化向导中完成以上参数设置后，还要另外进行一些参数的补充设置。例如，业务发生后是否立即进行制单处理、固定资产和累计折旧的入账科目设定等。其他参数可在"选项"窗口中补充。

二、设置基础信息

1. 部门档案

在部门设置中，可对单位各部门进行设置，以便确定资产的归属。部门档案的设置是在基础设置中进行的。

2. 部门对应折旧科目

对应折旧科目是指折旧费用的入账科目，固定资产计提折旧后必须把折旧归入成本或费用，根据不同企业的具体情况，有按部门归集的，也有按类别归集的。部门对应折旧科目的设置就是给每个部门选择一个折旧科目，这样在输入卡片时，该科目自动添入卡片中，不必一个一个地输入。如果对某一上级部门设置了对应的折旧科目，下级部门将继承上级部门的设置。

3. 资产类别

固定资产的种类繁多，规格不一。要强化固定资产管理，及时准确地做好固定资产核算，必须科学地建立固定资产的分类，为核算和统计管理提供依据。企业可根据自身的特点和管理要求，确定一个较为合理的资产分类方法。

4. 增减方式

增减方式包括增加方式和减少方式两类。固定资产增加或减少方式用以确定资产计价和处理原则，同时明确固定资产的增加或减少方式可做到对固定资产增减的汇总管理心中有数。

固定资产的增加方式主要有直接购买、投资者投入、捐赠、盘盈、在建工程转入、融资租入等。

固定资产的减少方式主要有出售、盘亏、投资转出、捐赠转出、报废、毁损、融资租出等。

5. 使用状况

企业需要明确固定资产的使用状况，加强对固定资产的核算和管理。同时，不同使用状况的固定资产折旧计提处理也有区别，需要对使用状况设置相应的折旧规则。

主要的使用状况有在用、季节性停用、经营性出租、大修理停用、不需用和未使用等。

6. 折旧方法

折旧方法设置是系统自动计算折旧的基础。系统提供了常用的几种折旧方法，包括不提折旧法、平均年限法(一和二)、工作量法、年数总和法和双倍余额递减法，并列出了它们的折旧计算公式。这几种方法是系统默认的折旧方法，只能选用，不能删除和修改。

三、录入原始卡片

固定资产卡片是固定资产核算和管理的基础依据。为保持历史资料的连续性，需将建账日期以前的固定资产数据录入系统。原始卡片上所记录的资产的开始使用日期一定要小于固定资产系统的启用日期。

【实训任务】

以账套主管 101 身份启用固定资产模块并完成相关设置，具体要求如下。

(1) 根据表 6-1 完成固定资产模块初始化设置。

表6-1　固定资产初始化参数

控制参数	参数设置
约定及说明	我同意
启用月份	2021.01
折旧信息	主要折旧方法：平均年限法 折旧汇总分配周期：1 个月 当(月初已计提月份=可使用月份-1)时将剩余折旧全部提足(工作量法除外)
编码方式	编码长度：2 1 1 2 固定资产编码方式：自动编码(类别编码+序号) 序号长度：3
财务接口	与财务系统进行对账 固定资产对账科目：1601,固定资产 累计折旧对账科目：1602,累计折旧 对账不平情况下允许固定资产月末结账

(续表)

控制参数	参数设置
补充参数	[固定资产]缺省入账科目：1601,固定资产 [累计折旧]缺省入账科目：1602,累计折旧 可抵扣税额入账科目：22210101,应交税费/应交增值税/进项税额

(2) 根据表 6-2 完成固定资产模块资产类别设置。

表 6-2　固定资产分类编码表

类别编码	类别名称	使用年限	净残值率(%)	计量单位	计提属性	折旧方法
01	房屋及建筑物	20	5	栋	正常计提	平均年限法(一)
02	机械设备	10	4	台	正常计提	平均年限法(一)
03	运输工具	4	4	辆	正常计提	平均年限法(一)
04	电子电器设备	3	2	台	正常计提	平均年限法(一)
05	办公设备	5	2	台	正常计提	平均年限法(一)

(3) 根据表 6-3 完成固定资产增减方式设置。

表 6-3　固定资产对应入账科目

增减方式名称	对应入账科目
增加方式：直接购入	100201
减少方式：出售	1606

(4) 根据表 6-4 完成固定资产部门对应折旧科目设置。

表 6-4　固定资产部门对应折旧科目

部门	折旧科目
总经理办公室	560210,管理费用/折旧
财务部	560210,管理费用/折旧
行政部	560210,管理费用/折旧
销售采购部	560110,销售费用/折旧
加工车间	4101,制造费用

【实训指导】

(1) 输入或选择以下信息：用户名"101"；密码"空"；账套"000"；会计年度"2021"。

(2) 执行"账套"→"启用"命令，进入"系统启用"窗口，启用"固定资产"模块，设置启用会计期间为"2021-01"，如图6-1所示。

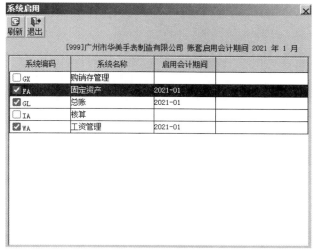

图6-1 固定资产模块启用

(3) 单击"固定资产"菜单项，系统弹出"确认对话框"，单击"确定"按
钮，如图6-2所示。接下来，根据表6-1完成固定资产初始化设置。

图6-2 确认对话框

(4) 进入"固定资产初始化向导"窗口，在第一步"约定及说明"中，单击"我同意"单
选按钮，如图6-3所示。

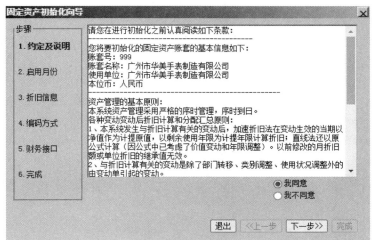

图6-3 约定及说明

(5) 单击"下一步"按钮，在第二步"启用月份"中，将账套启用月份设置为"2021.01"，如图 6-4 所示。

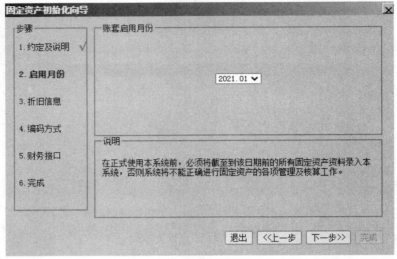

图6-4 启用月份

(6) 单击"下一步"按钮，在第三步"折旧信息"中，主要折旧方法选择"平均年限法(一)"，折旧汇总分配周期选择"1"个月，勾选"当(月初已计提月份=可使用月份-1)时将剩余折旧全部提足(工作量法除外)"复选框，如图 6-5 所示。

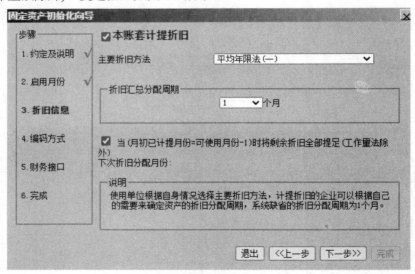

图6-5 折旧信息

(7) 单击"下一步"按钮，在第四步"编码方式"中，设置编码长度为"2 1 1 2"，固定资产编码方式为"手工输入"，序号长度为"5"。

(8) 单击"下一步"按钮,在第五步"财务接口"中,勾选"与财务系统进行对账"复选框,选择"1601,固定资产"为固定资产对账科目,选择"1602,累计折旧"为累计折旧对账科目,再勾选"在对账不平衡的情况下允许固定资产月末结账"复选框,如图6-6所示。

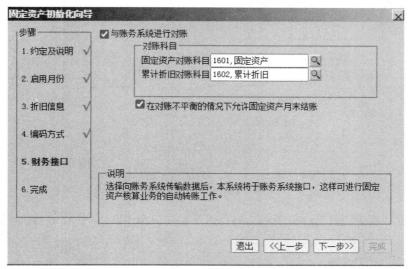

图6-6 编码方式

(9) 单击"下一步"按钮,在第六步"完成"中,单击"完成"按钮即可,如图6-7所示。

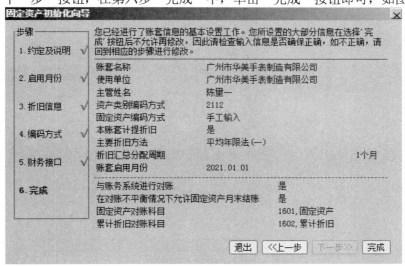

图6-7 固定资产初始化完成

(10) 执行"固定资产"→"设置"→"选项"命令,进入"选项"窗口,选择"1601,固定资产"为固定资产缺省入账科目,选择"1602,累计折旧"为累计折旧缺省入账科目,选择"22210101,应交税费/应交增值税/进项税额"为可抵扣税额入账科目,如图 6-8 所示。

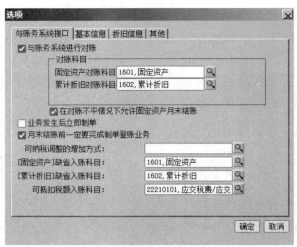

图6-8　固定资产补充参数设置

(11) 执行"固定资产"→"设置"→"资产类别"命令，进入"资产类别"窗口，单击"添加"按钮，根据表 6-2 完成固定资产模块资产类别设置，如图 6-9 所示。

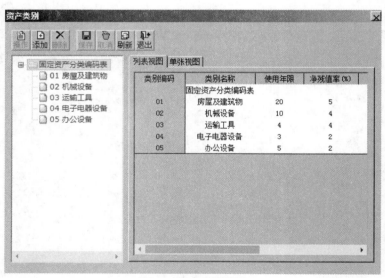

图6-9　资产类别设置

(12) 执行"固定资产"→"设置"→"增减方式"命令，进入"增减方式"窗口，根据表 6-3 完成固定资产增减方式设置，如图 6-10 和图 6-11 所示。

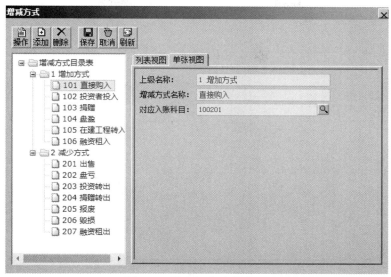

图6-10　增减方式(直接购入)

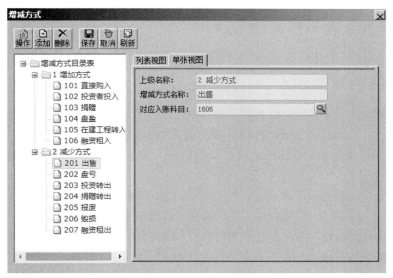

图6-11　增减方式(出售)

(13) 执行"固定资产"→"设置"→"部门对应折旧科目"命令，进入"部门对应折旧科目"窗口，单击"操作"按钮，根据表 6-4 完成固定资产部门对应折旧科目设置，如图 6-12 所示。

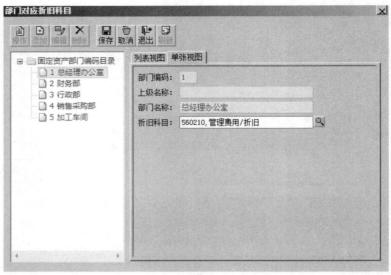

图6-12　部门对应折旧科目(总经理办公室)

活动二　录入固定资产原始卡片

【实训准备】

固定资产卡片是固定资产核算和管理的数据基础。在初次使用固定资产模块时，应该录入当期期初(即上期期末)的固定资产数据，并将其作为后续固定资产核算和管理的起始基础。原始卡片录入是把使用系统前的原始资料录入系统，以保持固定资产管理和核算的连续性和完整性。

固定资产卡片用于记录每项固定资产的详细信息，一般包括固定资产编号、名称、类别编号、规格型号、使用部门、增加方式、使用状况、使用年限、净残值率、折旧方法、开始使用日期、原值、累计折旧等。原始卡片录入完毕后，财务软件一般要将固定资产模块的初始数据与账务处理模块的初始数据进行对账处理，如两者不一致，需要逐项检查并加以更改。

原始卡片所记录资产的开始使用日期的月份应该大于其录入系统的月份，例如，一件固定资产在 2018 年 6 月开始使用，录入系统时是 2021 年 1 月，则该卡片是原始卡片，该卡片应通过原始卡片录入功能录入系统。

【实训任务】

根据表 6-5 完成固定资产原始卡片录入。

表6-5 固定资产原始卡片数据

名称	生产厂房	办公楼	货车	惠普电脑	联想电脑	生产线1	生产线2
类别编号	房屋及建筑物	房屋及建筑物	运输工具	办公设备	办公设备	机械设备	机械设备
净残值率	5%	5%	4%	2%	2%	4%	4%
部门名称	加工车间	总经理办公室	销售采购部	总经理办公室	财务部	加工车间	加工车间
开始使用日期	2018-04-15	2017-01-26	2018-06-18	2018-02-27	2018-03-19	2018-05-10	2018-05-05
增加方式	直接购入	直接购入	直接购入	直接购入	直接购入	直接购入	直接购入
原值	2 000 000	5 000 000	250 000	5 000	4 500	1 000 000	700 000
折旧方法	平均年限法(一)	平均年限法(一)	平均年限法(一)	平均年限法(一)	平均年限法(一)	平均年限法(一)	平均年限法(一)
使用期间	40年	60年	8年	5年	5年	5年	10年
累计折旧	60 000	188 500	480 000	1 304	1 100	68 900	72 800
可抵扣税额	320 000	850 000	40 000	850	765	160 000	112 000
对应折旧科目	4101	560210	560110	560210	560210	4101	4101

【实训指导】

(1) 执行"固定资产"→"卡片"→"录入原始卡片"命令,进入"资产类别参照"窗口,选择对应的资产类别,单击"确认"按钮,进入"录入原始卡片"窗口,根据表 6-5 完成固定资产原始卡片(生产厂房)的录入,如图 6-13 所示。

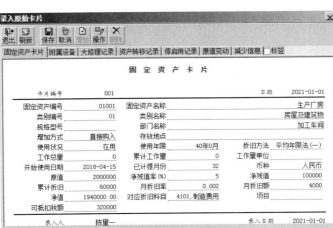

图6-13 录入原始卡片(生产厂房)

(2) 参照上述步骤，完成其他固定资产卡片的录入，如图 6-14 所示。

图6-14　完成固定资产卡片录入

任务二　固定资产模块日常业务处理

在企业日常运营过程中，会涉及固定资产相关业务，一般包括固定资产增加、固定资产减少、固定资产变动等。在每个会计期间，当固定资产发生变动时应及时处理，每月应正确计算固定资产折旧，为企业的成本费用核算提供依据。

活动一　固定资产增加

【实训准备】

固定资产增加是指企业通过购进或其他方式增加固定资产。应为增加的固定资产建立一张新的固定资产卡片，并录入该固定资产的相关信息、数据，其界面、操作方式和录入原始卡片相同。固定资产增加后要根据增加方式生成记账凭证并传递到总账模块。

【实训任务】

2021 年 1 月 10 日，财务部购入苹果电脑(办公设备)一台，价值 10 000 元，预计使用年限为 5 年，可抵扣税额 1 300 元。请以会计员身份登录信息门户，新增固定资产卡片。

【实训指导】

(1) 输入或选择以下信息：用户名"102"；密码"空"；账套"000"；操作日期"2021-01-10"。

(2) 执行"固定资产"→"卡片"→"资产增加"命令，进入"资产类别参照"窗口，选择资产类别"05 办公设备"，如图 6-15 所示。

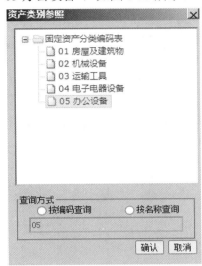

图6-15　选择资产类别参照

(3) 单击"确认"按钮，进入"资产增加"窗口，录入以下信息：固定资产名称"苹果电脑"；部门名称"财务部"；增加方式"直接购入"；使用状况"在用"；开始使用日期"2021-1-10"；原值"10 000"；可抵扣税额"1 300"。录入完毕单击"保存"按钮即可，如图 6-16 所示。

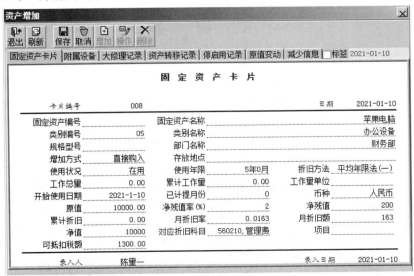

图6-16　资产增加

活动二　固定资产减少

【实训准备】

固定资产减少是指固定资产在使用过程中，由于各种原因(如损毁、出售、盘亏等)退出企业，属于固定资产清理业务。固定资产减少后要根据减少方式生成记账凭证后传递到总账模块。固定资产减少业务不是直接减少固定资产的价值，而是输入资产减少记录，说明减少原因，记录业务的具体信息和过程，保留审计线索。

【实训任务】

2021 年 1 月 15 日，总经理办公室的惠普电脑因操作员操作不当发生了故障，并且不能修理了。请以会计员身份登录信息门户，做资产减少处理。

【实训指导】

(1) 输入或选择以下信息：用户名"102"；密码"空"；账套"000"；操作日期"2021-01-15"。

(2) 执行"固定资产"→"处理"→"计提本月折旧"命令，系统弹出"是否查看折旧清单"对话框，单击"取消"按钮，如图 6-17 所示。

图6-17　是否查看折旧清单对话框

(3) 进入"折旧分配表"窗口，单击"退出"按钮。

(4) 执行"固定资产"→"卡片"→"资产减少"命令，进入"资产减少"窗口。选择卡片编号"004"，单击"确定"按钮。再单击右上角"增加"按钮，录入以下信息：减少日期"2021-01-15"；减少方式"报废"；清理原因"操作不当，不能修理"，如图 6-18 所示。

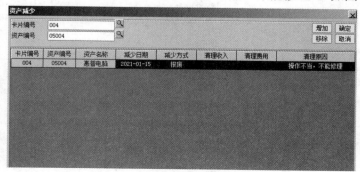

图6-18　资产减少

(5) 单击"确定"按钮，系统弹出"提示信息"对话框，如图6-19所示。

图6-19　资产减少成功提示

※ 思维拓展

固定资产减少注意事项

(1) 只有当账套开始计提折旧后才可以使用资产减少功能，否则，减少资产只能通过删除卡片来完成。

(2) 对于误减少的资产，可以使用系统提供的"纠错"功能来恢复，只有当月减少的资产才可以恢复。如果资产减少操作已制作凭证，必须删除凭证后才能恢复。

(3) 只要卡片未被删除，就可以通过"卡片管理"中的"已减少资产"功能来查看减少的资产。

(4) 卡片做过一次月末结账后不能删除。当制作过变动单、评估单或凭证的卡片被删除时，系统会提示先删除相关的变动单、评估单或凭证。

活动三　固定资产变动

【实训准备】

固定资产日常管理过程中出现原值变动、部门转移、使用状况调整、折旧方法调整、累计折旧调整、净残值(率)调整、工作总量调整、使用年限调整、类别调整、计提减值准备、转回减值准备、资产评估等情况时，需制作变动单或评估单进行处理，该部分主要涉及制作变动单和评估单的操作。

【实训任务】

2021年1月25日，公司打算将联想电脑从财务部调拨给行政部使用。请以会计员身份登录信息门户，进行固定资产变动处理。

【实训指导】

(1) 输入或选择以下信息：用户名"102"；密码"空"；账套"000"；操作日期"2021-01-25"。

(2) 执行"固定资产"→"卡片"→"变动单"→"部门转移"命令，进入"资产变动单"窗口，录入以下信息：固定资产名称"联想电脑"；变动前部门"财务部"；变动后部门"行政部"；变动原因"调拨"。录入完毕单击"保存"按钮即可，如图 6-20 所示。

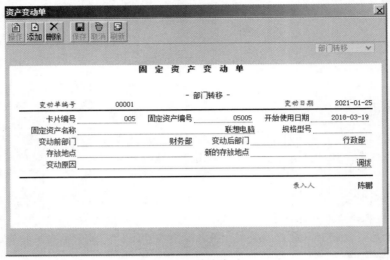

图6-20　资产变动

活动四　计提折旧

【实训准备】

自动计提折旧是固定资产管理模块的基本功能之一。根据固定资产卡片中的信息，系统对各项资产每期计提折旧一次，并自动生成折旧分配表，然后制作记账凭证，将本期的折旧费用自动登账。

当开始计提折旧时，系统将自动计提所有资产当期折旧额，并将当期的折旧额自动累加到累计折旧项目中。计提工作完成后，需要进行折旧分配，形成折旧费用。系统除了自动生成折旧清单外，同时还生成折旧分配表，从而完成本期折旧费用登账工作。

系统提供的折旧清单显示了所有应计提折旧资产所计提的折旧数据额。

进行计提折旧处理时一般应注意以下几点。

(1) 若在一个期间内多次计提折旧，每次计提折旧后，只是将计提的折旧累加到月初的累计折旧上，不会重复累计。

(2) 若上次计提的折旧已制单并传递到总账系统，则必须删除该凭证才能重新计提折旧。

(3) 若计提折旧后又对账套进行了影响折旧计算或分配的操作，则必须重新计提折旧，以保证折旧计算的正确性。

(4) 若自定义的折旧方法使月折旧率或月折旧额出现负数，系统会自动中止计提。

(5) 资产的使用部门和资产折旧要汇总的部门可能不同。为了加强资产管理，使用部门必须是明细部门，而折旧分配部门不一定分配到明细部门。不同单位的处理可能不同，因此要在计提折旧后，分配折旧费用时做出选择。

【实训任务】

以会计员身份登录信息门户，计提本月折旧。

【实训指导】

(1) 输入或选择以下信息：用户名"102"；密码"空"；账套"000"；操作日期"2021-01-31"。

(2) 执行"固定资产"→"处理"→"计提本月折旧"命令，系统弹出"是否查看折旧清单"对话框，如图 6-21 所示。

图6-21　是否查看折旧清单对话框

(3) 单击"确定"按钮，进入"折旧清单"窗口，查看折旧清单后，单击"退出"按钮，如图 6-22 所示。

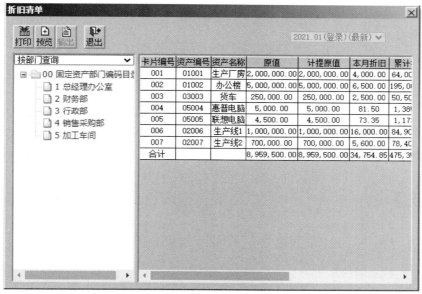

图6-22　折旧清单

(4) 系统进入"折旧分配表"窗口，此处暂不制单，关闭该窗口，如图 6-23 所示。

图6-23　折旧分配表

任务三　固定资产模块期末处理

活动一　批量制单

【实训准备】

固定资产模块和总账模块之间的部分数据是联通的，固定资产模块可以向总账模块传递相关凭证，如资产增加、资产减少、累计折旧调整、折旧分配等生成的记账凭证。

生成记账凭证的方式有两种：立即制单和批量制单。立即制单是指在有关资产增加、折旧计提等业务发生后立即生成有关记账凭证；批量制单是指处理完本月固定资产相关的业务后，月末一次性批量生成凭证。

【实训任务】

2021年1月31日，对固定资产业务进行批量制单处理。

【实训指导】

(1) 执行"固定资产"→"处理"→"批量制单"命令，进入"批量制单"窗口，系统显示三笔业务，在第一笔业务后方的制单处双击，使之出现"Y"符号，如图6-24所示。

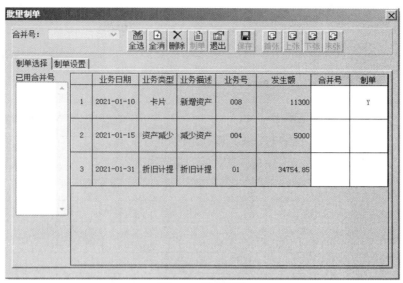

图6-24 批量制单

(2) 单击"制单设置"选项卡，补充借贷方科目，如图 6-25 所示。

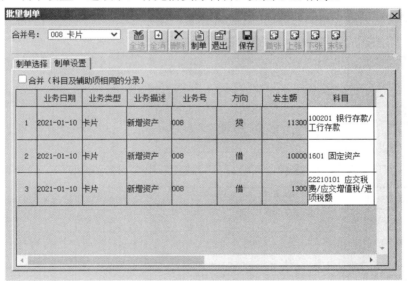

图6-25 制单设置

(3) 单击"制单"按钮，进入"填制凭证"窗口，确认无误后，单击"保存"按钮即可，如图 6-26 所示。

图6-26　新增资产业务制单完成

(4) 折旧计提与减少资产业务均可参照新增资产业务的制单流程进行处理，确认无误后，均单击"保存"按钮进行保存，如图 6-27 和图 6-28 所示。

图 6-27　折旧计提业务制单完成

图6-28　资产减少业务制单完成

活动二　月末对账与结账

【实训准备】

一、对账

当初次启动固定资产的参数设置或选项中的参数设置选择了"与账务系统对账"参数时才可使用本系统的对账功能。为了保证固定资产系统的资产价值与总账系统中固定资产科目的数值相等，可随时使用"对账"功能对两个系统进行检查。系统在执行月末结账时自动对账一次，并给出对账结果。

二、结账

在固定资产管理模块中完成本月全部业务、生成记账凭证并对账正确后，可以进行月末结账。月末结账每月只能进行一次，结账前一定要备份数据，结账后本月不能再修改和录入数据，本月不结账将不能处理下期数据。

如果发现错误需要修改，可通过系统提供的"恢复月末结账前状态"功能进行反结账，将数据恢复到月末结账前的状态，然后再修改错误。在总账模块未进行月末结账时才可以使用固定资产的"反结账"功能。

【实训任务】

请于2021年1月31日，对固定资产模块进行月末结账处理。

【实训指导】

(1) 执行"固定资产"→"处理"→"月末结账"命令，进入"月末结账"窗口，如图 6-29 所示。

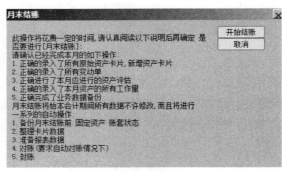

图6-29　月末结账窗口

(2) 单击"开始结账"按钮，系统弹出"与账务对账结果"对话框。

(3) 单击"确定"按钮，系统弹出"提示信息"对话框，如图 6-30 所示。

图6-30　月末结账成功完成

(4) 单击"确定"按钮，系统弹出"提示信息"对话框，再单击"确定"按钮即可，如图 6-31 所示。

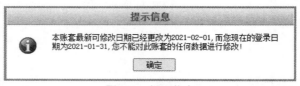

图6-31　提示信息

❧ 巩固练习 ❧

任务一　固定资产模块初始化

一、单选题

1. 在固定资产模块的卡片中，区分每一项固定资产的唯一标识的是(　　)。

A. 固定资产名称　　B. 固定资产编码　C. 固定类别编号　D. 固定规格型号

2. 固定资产模块初始化时，会计科目定义是为了系统能自动将相应的记账凭证传递到（　　）中去。

A. 成本核算系统　　B. 报表系统　　　C. 总账系统　　　D. 固定资产核算系统

3. 下列属于固定资产增加方式的是（　　）。

A. 捐赠转出　　　B. 报废　　　　C. 盘盈　　　　D. 融资租出

4. 下列各项中，不属于固定资产控制参数设置的主要内容的是（　　）。

A. 启用会计期间　　　　　　　B. 设置折旧相关内容
C. 设置折旧对应科目　　　　　D. 设置固定资产编码

5. 在固定资产系统参数中，启用月份最主要的作用是（　　）。

A. 确定开始计提折旧的月份　　B. 确定开始增减处理的月份
C. 确定开始变动处理的月份　　D. 确定开始对账的月份

6. 在固定资产卡片中，能够确定是否计提折旧的数据项是（　　）。

A. 资产名称　　B. 资产类别　　C. 使用状态　　D. 折旧方法

7. 固定资产下列使用状况不需要提折旧的是（　　）。

A. 在用的资产　　　　　　　B. 未使用的资产(房屋除外)
C. 季节性停用的资产　　　　D. 经营出租的资产

8. 在固定资产系统中，为部门指定折旧科目的目的是（　　）。

A. 为成本系统生成折旧分配表　　B. 为账务系统生成折旧分配分录
C. 为固定资产增减变动准备数据　D. 为计算固定资产折旧准备数据

二、多选题

1. 下列各项中，属于固定资产管理模块初始化设置的内容有（　　）。

A. 设置控制参数　　　　　　B. 录入会计科目初始数据
C. 设置基础数据　　　　　　D. 录入原始卡片

2. 下列各项中，属于固定资产基础信息设置的内容有（　　）。

A. 设置增减方式　　B. 设置使用状况　C. 设置折旧方法　　D. 设置固定资产类别

3. 在固定资产模块中，固定资产的使用状况包括（　　）。

A. 在用　　　　B. 大修理停用　　C. 季节性停用　　D. 经营性出租

三、判断题

1. 固定资产模块的特点之一是系统初始化的工作量不大但日常业务量多。　　（　　）

2. 固定资产参数中的折旧信息用于确定是否需要折旧、折旧汇总分配周期等。　（　　）

3. 录入初始固定资产卡片是系统初始化的一项内容，系统一旦正式启用，该项功能将被屏蔽，即不能再使用。　　（　　）

4. 固定资产账套参数中的财务接口用于确定是否需要与账务系统对账，以及对账科目。　　（　　）

5. 固定资产账套参数在初始化完成后一般是可以修改的。　　（　　）

任务二　固定资产模块日常业务处理

一、单选题

1. 下列各项中，属于固定资产管理模块日常处理的是(　　)。
   A. 固定资产原值变动　　　　　　　　B. 设置固定资产编码
   C. 录入原始卡片　　　　　　　　　　D. 设置折旧方法
2. 固定资产管理模块中(　　)显示所有应计提折旧资产的已计提折旧信息。
   A. 折旧分配表　　　B. 折旧清单　　　C. 折旧计算表　　　D. 折旧分析表
3. 在固定资产管理模块中，下列不属于固定资产减少的方式是(　　)。
   A. 出售　　　　　B. 融资租入　　　C. 盘亏　　　　D. 捐赠转出
4. 下列各项中，属于固定资产变动业务中价值信息变更的内容是(　　)。
   A. 使用部门变动　　B. 使用状况变动　　C. 存放地点变动　　D. 固定资产原值变动
5. 在固定资产管理模块中，计提折旧后，将根据(　　)生成记账凭证。
   A. 折旧清单　　　　B. 折旧统计表　　　C. 折旧分析表　　　D. 折旧分配表

二、多选题

1. 固定资产减少的方式包括(　　)。
   A. 出售　　　　　　　B. 盘亏　　　　　C. 投资转出　　　　D. 报废
2. 下列各项中，属于固定资产模块资产变动的有(　　)。
   A. 原值增加　　　　B. 存放地点变动　　C. 使用状况变动　　D. 使用年限增加
3. 在固定资产模块中，固定资产增加的方式主要有(　　)。
   A. 直接购买　　　　B. 投资者投入　　　C. 在建工程转入　　D. 融资租出

三、判断题

1. 固定资产模块的日常业务包括固定资产的增加、减少、变动及计提折旧等。　　(　　)
2. 固定资产的减少处理一般要求在计提折旧之后进行。　　　　　　　　　　　(　　)
3. 在固定资产系统中，原值变动、部门转移之类的变动处理必须通过变动单进行。(　　)
4. 在固定资产系统中，使用状况变动、工作总量调整、资产类别调整无须通过变动单。
   　　　　　　　　　　　　　　　　　　　　　　　　　　　　　　　　　(　　)
5. 固定资产系统中生产的记账凭证可以在账务处理系统中直接修改。　　　　　(　　)

任务三　固定资产模块期末处理

一、单选题

1. 如果固定资产系统允许定义折旧分配周期，则(　　)才生成折旧费用分配表。
   A. 每个分配周期　　B. 每个会计期末　　C. 每个月末　　D. 每个年末

2. 在固定资产系统中，(　　)是编制折旧转账凭证的依据。

　　A. 累计折旧　　　　B. 折旧费用分配表　C. 资产原值　　D. 资产账簿

3. 固定资产系统期末必须与(　　)进行对账，对账平衡才能进行期末结账。

　　A. 成本系统　　　　B. 工资系统　　　　C. 账务系统　　D. 报表系统

二、判断题

1. 固定资产系统结账之前必须与账务系统进行对账，对账平衡才可以结账。　　(　　)

2. 固定资产系统每月结账后当期的数据可以进行修改。　　　　　　　　　　(　　)

3. 在正常情况下，固定资产系统的固定资产价值与账务处理系统固定资产科目的数值应该是相等的。　　　　　　　　　　　　　　　　　　　　　　　　　　　　　　(　　)

模块七 »

购销存模块

【实训目标】
1. 了解购销存模块中各个子模块的主要功能
2. 掌握购销存初始化设置的内容、方法及对后续操作的影响
3. 熟练掌握购销存模块的日常业务处理流程及处理方法
4. 熟练掌握购销存模块的期末操作
5. 掌握单到回冲和月初回冲的操作步骤
6. 掌握材料成本的计算
7. 掌握完工产品成本的计算
8. 熟悉购销存模块的反操作

购销存模块是畅捷通 T3 软件的重要组成部分，它突破了会计核算软件单一财务管理的局限，实现了企业财务业务一体化的全面管理，也实现了物流、资金流管理的统一。

购销存模块包括采购管理、销售管理、库存管理、核算管理四个子模块。

采购管理的主要功能：输入采购发票及其相对应的采购入库单，实现采购结算工作；输入付款单，实现采购付款业务。

销售管理的主要功能：输入销售发票和发货单，实现库存商品的对外销售业务；输入收款单，实现销售收款业务。

库存管理的主要功能：根据采购和销售的情况，进行出入库业务的追踪管理工作及其他出入库业务的管理工作。

核算管理的主要功能：对各种出入库业务进行入库成本及出库成本的核算，将各种收付款业务生成一系列的相关凭证传递到总账中。

任务一　购销存模块初始化

【实训准备】

购销存模块的初始化设置包括购销存系统业务参数设置、基础档案信息设置及期初数据录入。

一、业务参数设置

1. 采购管理模块

采购业务包括以下控制参数。

(1) 入库单是否自动编号：若选择此项，则在生成入库单时系统自动编号；否则需人工输入编号。

(2) 存货使用辅计量单位：对于同一种存货，如果财务核算所用的计量单位与业务活动所用的统计单位不相同，就要设置辅计量单位。

(3) 应付业务控制参数：可通过应付业务控制参数选项进行如下设置。

- 应付款核销方式：系统提供两种应付款的核销方式，即按单据核销应付款和按产品核销应付款。选择不同的核销方式，将影响付款分析的精确性。
- 汇兑损益结算方式：系统提供两种计算汇兑损益的方式，即外币余额结清时计算和月末计算两种方式。
- 应付确认日期依据：系统提供了两种应付确认日期的依据，即以业务日期或以单据日期确认。
- 现金折扣是否显示：为了鼓励客户在信用期间内提前付款，企业经常会采用现金折扣政策。选择显示现金折扣，系统会在"单据结算"中显示"可享受折扣"和"本次折扣"，并计算可享受的折扣。若选择"不显示现金折扣"，则系统既不计算也不显示现金折扣。

2. 销售管理模块

(1) 有无外币业务：若有外币业务，可以将币种项选入可处理外币业务单据的格式，相关账表查询的参照条件中包含币种，输出内容中包含外币业务的业务信息；否则，系统不能处理外币业务。

(2) 是否固定换算率：此选项在存货有辅计量单位时才有效。若是固定换算率，在录入或修改单据时，对于有辅计量单位的存货，如果数量改变，系统自动重新计算件数，换算率不变(但换算率本身在录入或修改单据时是可以修改的)；否则，如果数量改变，系统自动重新计算换算率，件数不变。

(3) 是否由销售系统生成销售出库单：如果由销售系统生成销售出库单，销售系统的发货单、销售发票在复核时，自动生成销售出库单，并传递到库存系统和存货核算系统；否则，销售出库单由库存系统参照上述单据生成。

(4) 销售是否必填批号：如果选择是，则批次管理的存货在销售系统开具发货单、销售发票时，批号为必填项；如果选择否，则批号在销售系统可指定可不指定，销售系统指定后库存不能修改，未指定的由库存系统指定。

(5) 销售报价是否含税：销售报价指填制销售单据时货物的本位币的参考售价。若选择是，则报价作为单据的含税单价栏的默认值；若选择否，则报价作为单据的无税单价栏的默认值。

(6) 是否有信用额度控制：若选择是，那么在增加、修改和审核销售订单、发货单、销售发票时，如果前客户的应收账款余额超过了该客户的档案中设定的信用额度值，或者当前客户的信用期间超过了该客户的档案中设定的信用期间值，需要输入口令方可确认相应操作；否则，在进行以上操作时系统不做客户信用检查。

(7) 是否有最低售价控制：若选择是，那么在增加、修改和审核销售订单、发货单、销售发票时，若货物的实际销售价格超过了存货档案中设定的最低售价(实际销售价格是含税单价还是无税单价由"报价是否含税"参数决定)，需要输入口令方可确认相应操作；否则，在进行以上操作时系统不做存货最低售价的检查。

(8) 应收业务控制参数：可通过应收业务控制参数选项进行如下设置。

● 应收款核销方式：系统提供两种应收款的核销方式，即按单据核销应收款和按产品核销应收款。选择不同的核销方式，将影响到收款分析的精确性。

● 汇兑损益结算方式：系统提供两种计算汇兑损益的方式，即外币余额结清时计算和月末计算两种方式。

● 应收确认日期依据：系统提供了两种应收确认日期的依据，即以业务日期和以单据日期确认。

● 现金折扣是否显示：参见采购管理模块"现金折扣是否显示"的参数说明。

3. 库存管理模块

(1) 有无组装拆卸业务：某些企业的某些存货既可单独出售，又可与其他存货组装在一起销售。

(2) 有无批次管理：批次管理指对存货的收发存进行批次跟踪，可统计某一批次所有存货的收发存情况或某一存货所有批次的收发存情况。如果用户需要管理存货的保质期或对供货单位进行跟踪，即查询该存货每个供应商供了多少货、销售了多少、退货多少、库中结存多少等信息，以便考核供应商的供货质量或商品的畅销情况，可通过批次管理实现。

(3) 有无保质期管理：保质期管理指对存货的失效日期进行监控，对过期、到期的存货进行报警，并对即将过期的存货进行预警。

(4) 有无成套件管理：有些存货既是单独的商品可单独销售，又是其他商品的组成件，可随同其他商品一起销售。

(5) 存货有无辅助计量单位：参见采购管理模块"存货使用辅计量单位"的参数说明。存货成本按计量单位核算，辅助计量单位只参与统计，不参与核算。

(6) 是否允许零出库：零出库指出库数量大于存货的结存数量时仍然出库，即超现存量出库。

(7) 是否需要最高最低库存报警：若选择选项，在单据录入时，如果存货的当前现存量小于最低库存量或大于最高库存量，系统自动报警。

(8) 是否允许超限额领料：超限额领料指限额领料单的累计出库数是否可以超过出库计划数。如果允许，则分单出库对超过计划的材料不进行报警；如果不允许，则报警，系统提示超过计划领料数，应修改出库数量。

(9) 是否库存模块生成销售出库单：该选项主要影响库存模块与销售模块集成使用的情况。若选择此项，销售发货单或销售发票在销售系统审核时不自动生成销售出库单到库存系统，而是在库存系统根据销售发货单或销售发票生成销售出库单；否则，销售发货单或销售发票在销售系统审核时自动生成销售出库单传到库存系统。

(10) 销售出库业务是否由销售模块指定批号：该选项主要影响库存模块与销售模块集成使用的情况。若选择此项，销售系统开具发货单或发票时就必须指定批号，而且库存系统根据发货单或发票生成销售出库单时，不能修改此批号；否则，销售系统开具发货单或发票时批号可输可不输，如果不输批号则在库存系统根据发货单或发票生成销售出库单时指定批号。

4. 核算管理模块

(1) 零出库成本选择：零出库成本选择指在对先进先出或后进先出方式下核算的出库单据登记明细账时，如果出现账中为零成本或负成本，会造成出库成本不可计算。为避免出现此情况，需要从系统提供的选项中进行选择。

(2) 暂估处理方式：对于存货的暂估处理，系统提供三种方式。月初回冲是指月初时系统自动生成红字回冲单；单到回冲是指发票报销处理时系统生成红字回冲单，并生成蓝字报销单；单到补差是指报销处理时系统自动生成一张调整单，调整金额为实际金额与暂估金额的差额。

(3) 最大/最小单价控制：为了解决移动平均、全月平均计价法下由于零出库或暂估成本与结算成本不一致，造成的出库单价极大或极小甚至出现负单价等情况的问题，系统提供了"最高/最低单价控制"功能，用户只有在系统中选择"移动平均、全月平均单价最高最低控制"选项时，系统才予以控制。

二、基础档案信息设置

1. 设置存货分类

存货分类是指按照存货固有的特征或属性将存货划分为不同的类别，以便于分类核算和统计。采购业务中经常有采购费用产生，如果需要将采购费用计入采购成本，则在系统中需要将劳务费用单独视为一类存货，如"应税劳务"。

2. 设置存货档案

设置存货档案可以完成对企业全部存货目录的设立和管理，包括随同发货单或发票一起开具的应税劳务，也应设置在存货档案中。

"存货档案"窗口中包括四个选项卡，分别是基本、成本、控制和其他。在"基本"选项卡中，有六个复选框，用于设置存货属性。

(1) 销售：用于发货单、销售发票、销售出库单等与销售有关的单据参照使用，表示该存货可用于销售。

(2) 外购：用于购货所填制的采购入库单、采购发票等与采购有关的单据参照使用，在采购发票、运费发票上一起开具的采购费用，也应设置为外购属性。

(3) 生产耗用：存货可在生产过程被领用、消耗。生产产品耗用的原材料、辅助材料等在开具材料出库单时参照。

(4) 自制：由企业生产自制的存货，如产成品、半成品等，主要用在开具产成品入库单时参照。

(5) 在制：指尚在制造加工中的存货。

(6) 劳务费用：指在采购发票上开具的运输费、包装费等采购费用及开具在销售发票或发货单上的应税劳务、非应税劳务等。

3. 设置仓库档案

存货一般被存放在仓库中进行保管。对存货进行核算管理，就必须建立仓库档案。

4. 设置采购类型和销售类型

采购类型是用户对采购业务所做的一种分类，是采购单据上的必填项。如果企业需要按照采购类别进行采购统计，则必须设置采购类型。

销售类型，用户可以根据自身的实际情况自定义销售类型，以便于按销售类型对销售业务数据进行统计和分析。

5. 设置收发类别

收发类别用于表示存货的出入库类型，设置收发类别能够对存货的出入库情况进行分类汇总和统计。

6. 设置产品结构

产品结构用于定义产品的组成，包括组成成分和数量关系。产品结构中引用的物料必须事先在存货档案中定义。

7. 设置费用项目

在销售产品的过程中会有很多不同的费用产生，如代垫费用、销售支出等，在系统中将其设置为费用项目，以便于记录和统计汇总。

8. 设置科目

核算模块是购销存模块与财务模块联系的桥梁，各种存货的购进、销售及其他出入库业务，均在核算模块中生成凭证并传递到总账系统。为了快速、准确地完成制单操作，应事先设置凭证上的相关科目。

(1) 设置客户往来、供应商往来科目：客户往来和供应商往来科目设置包括基本科目设置、控制科目设置、产品科目设置及结算方式科目设置等。

(2) 设置存货科目：存货科目是设置生成凭证所需要的各种存货科目和差异科目。存货科目既可以按仓库进行设置，也可以按存货分类进行设置。

(3) 设置存货对方科目：存货对方科目是设置生成凭证所需要的存货对方科目，可以按收发类别进行设置。

三、期初数据录入

1. 采购业务期初余额

采购业务期初余额是指企业采购的货物已经验收入库，但还没有取得采购发票，或者已经取得了采购发票但尚未收到采购的货物未填制采购入库单，不能进行采购结算的业务内容。采购业务的期初余额主要源自期初暂估入库业务和期初在途业务两种。

期初暂估业务是将没有取得供货单位采购发票，不能进行采购报账的入库单输入系统，形成采购管理系统的期初数据，以便取得发票后进行采购结算。

期初在途业务是将已取得供货单位采购发票而货物没有入库，不能进行采购报账，即不能进行采购结算的发票输入系统，以便货物入库填制入库单后进行采购结算。

2. 供应商往来期初余额

供应商往来期初余额是指企业已形成的应付款项到目前为止尚未支付的余额。为了便于日后核销账务，在初次使用采购管理系统时，应将未处理完的应付款全部录入本系统中。由于应付款项业务形成的原因不同，使得形成应付款项的原始单据也有所不同。形成应付款项的单据主要有采购专用发票、采购普通发票、预付单及其他应付单等。当完成全部应付款期初余额录入后，通过对账功能可将采购系统的应付款余额与总账系统期初余额进行核对。

3. 客户往来期初余额

客户往来期初余额是指企业已形成的应收款项到目前为止尚未收到的余额。为了便于日后核销账务，在初次使用销售管理系统时，应将未处理完的单据全部录入本系统中。由于应收款项业务形成的原因不同，使得形成应收款项的原始单据也有所不同。形成应收款项的单据主要有销售专用发票、销售普通发票、预收单及其他应收单等。当完成全部应收款期初余额录入后，通过对账功能可将销售系统的应收款余额与总账系统期初余额进行核对。

4. 库存/存货期初数据

存货期初余额既可以在库存系统中录入，也可以在核算系统中录入，应确保库存系统(或核算系统)与总账系统数据一致。

5. 期初记账

购销存模块中，采购和库存需要进行期初记账。

采购期初记账是将期初数据记入采购余额一览表。期初记账后才能进行日常采购业务处理，期初记账以后不允许再输入期初数据；如果期初记账后发现还有期初数据没有输入计算机，可以取消记账，重新输入期初数据。

库存期初数据录入完毕后，必须进行期初记账，将录入的各存货的期初数据记入库存台账、批次台账等账簿中，只有在期初数据记账后才能进行日常业务处理。

【实训任务】

以账套主管身份启用购销存模块并完成购销存模块业务参数设置，具体要求如下。

(1) 根据表 7-1 完成采购、销售模块初始化参数设置。

表7-1 业务范围设置

业务范围	是否显示现金折扣
采购模块	是
销售模块	是

(2) 根据表 7-2 完成仓库档案设置。

表7-2 仓库档案

仓库编码	仓库名称	所属部门	计价方式
01	原料仓	加工车间	全月平均法
02	成品仓	加工车间	全月平均法
03	周转材料仓	加工车间	全月平均法

(3) 根据表 7-3 完成存货分类设置。

表7-3 存货分类

类别编码	类别名称
01	原材料
02	库存商品
03	周转材料
04	其他类

(4) 根据表 7-4 完成存货档案设置。

表7-4 存货档案

存货编号(代码)	存货名称	计量单位	税率(%)	存货属性
0101	表壳	个	13	外购、生产耗用
0102	机芯	个	13	外购、生产耗用
0103	金属表带	个	13	外购、生产耗用
0201	EP 女士手表	块	13	销售、自制、在制
0202	EP 男士手表	块	13	销售、自制、在制
0301	包装盒	个	13	外购、生产耗用
0401	运输费	千米	9	外购、劳务费用
0402	加工费	件	13	外购、劳务费用
0403	保险费	次	6	外购、劳务费用

(5) 根据表 7-5 完成收发类别设置。

表7-5　收发类别

类别编码	类别名称	收发标志	类别编码	类别名称	收发标志
1	入库类别	收	2	出库类别	发
11	采购入库	收	21	销售出库	发
12	产成品入库	收	22	材料领用出库	发
13	退料入库	收	23	半成品出库	发
14	半成品入库	收	24	产品自用出库	发
15	其他入库	收	25	其他出库	发
16	委托加工入库	收			

(6) 根据表 7-6 完成采购类型设置。

表7-6　采购类型

采购类型编码	采购类型名称	入库类别	是否默认值
00	普通采购	采购入库	是

(7) 根据表 7-7 完成销售类型设置。

表7-7　销售类型

销售类型编码	销售类型名称	出库类别	是否默认值
00	普通销售	销售出库	是

(8) 根据表 7-8 完成费用项目设置。

表7-8　费用项目

费用项目编号	费用项目名称
001	运费

(9) 根据表 7-9 完成存货科目设置。

表7-9　存货科目

仓库编号	仓库名称	存货分类编码	存货分类名称	存货科目编码	存货科目名称
01	原料仓	01	原材料	140301	表壳
02	成品仓	02	库存商品	140501	EP 女士手表
03	周转材料仓	03	周转材料	141101	包装盒

(10) 根据表 7-10 完成存货对方科目设置。

表7-10　存货对方科目

收发类别编码	收发类别名称	对方科目编码	对方科目名称	暂估科目编码	暂估科目名称
11	采购入库	1402	在途物资	220202	暂估应付款
12	产成品入库	400101	直接材料		
16	委托加工入库	1408	委托加工物资		
21	销售出库	5401	主营业务成本		
22	材料领用出库	400101	直接材料		

(11) 根据表7-11和表7-12完成客户往来科目设置与结算方式科目设置。

表7-11　客户往来科目

应收科目	销售收入科目	应交增值税科目	现金折扣科目	预收科目
1122	5001	22210106	560303	2203

表7-12　客户往来结算科目

结算方式	币种	科目
支票	人民币	100201
银行汇票	人民币	100201
商业汇票	人民币	1121
汇兑	人民币	100201
网银	人民币	100201

(12) 根据表7-13和表7-14完成供应商往来科目设置与结算方式科目设置。

表7-13　供应商往来科目

应付科目	采购科目	采购税金科目	现金折扣科目	预付科目
220201	1402	22210101	560303	1123

表7-14　供应商往来结算科目

结算方式	币种	科目
支票	人民币	100201
银行汇票	人民币	1012
商业汇票	人民币	2201
汇兑	人民币	100201
网银	人民币	100201

(13) 根据表7-15完成客户往来期初设置。

表7-15　客户往来期初

开票日期	发票号	客户名称	销售部门	科目	到期日	备注
2020-12-26	56781234	大华贸易	销售采购部	1122	2021-01-31	销售采购部销售 EP 男士手表 1500 块，单价为 300 元(销售专用发票)

(14) 根据表 7-16 完成库存模块期初设置。

表7-16　库存期初数据

存货编码	存货名称	数量	单价	金额
0101	表壳	850	40	34 000
0102	机芯	1 100	100	110 000
0103	金属表带	900	70	63 000
0201	EP 女士手表	5 400	280	1 512 000
0202	EP 男士手表	5 600	300	1 680 000

(15) 期初记账。

【实训指导】

(1) 输入或选择以下信息：用户名"101"；密码"空"；账套"000"；会计年度"2021"。

(2) 执行"账套"→"启用"命令，进入"系统启用"窗口，启用"购销存管理"与"核算"模块，如图 7-1 所示。

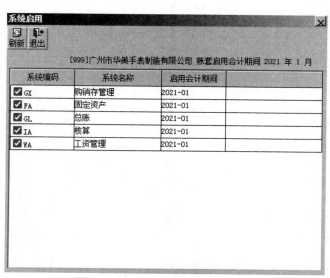

图7-1　启用购销存管理与核算模块

（3）执行"采购"→"采购业务范围设置"命令，进入"采购业务范围设置"窗口，勾选"显示现金折扣"复选框，单击"确认"按钮，如图 7-2 所示。

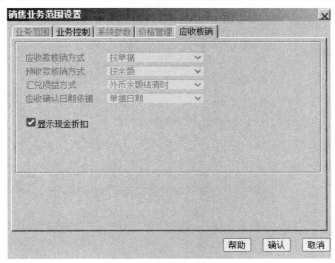

图7-2　采购业务范围设置

（4）参照上述步骤，根据表 7-1 完成销售业务范围设置，如图 7-3 所示。

图7-3　销售业务范围设置

（5）执行"基础设置"→"购销存"→"仓库档案"命令，进入"仓库档案"窗口，单击"增加"按钮，进入"仓库档案卡片"窗口，根据表 7-2 完成仓库档案设置，如图 7-4 所示。

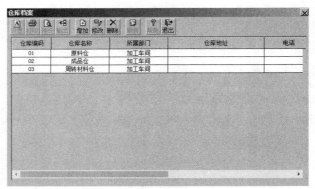

图7-4　仓库档案基础设置

（6）执行"基础设置"→"存货"→"存货分类"命令，进入"存货分类"窗口，单击"增加"按钮，根据表 7-3 完成存货分类设置，如图 7-5 所示。

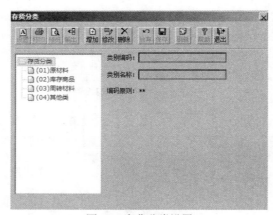

图7-5　存货分类设置

（7）执行"基础设置"→"存货"→"存货档案"命令，进入"存货档案"窗口，单击"增加"按钮，进入"存货档案卡片"窗口，根据表 7-4 依次录入表壳的信息，如图 7-6 所示。

图7-6　表壳存货档案

(8) 参照上述步骤，完成其他存货的存货档案设置，如图 7-7 所示。

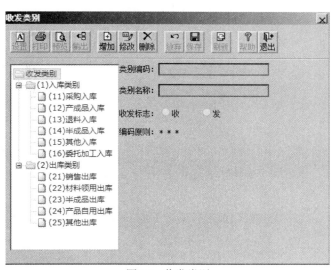

图7-7　存货档案

(9) 执行"基础设置"→"购销存"→"收发类别"命令，进入"收发类别"窗口，根据表 7-5 完成收发类别基础设置，如图 7-8 所示。

图7-8　收发类别

(10) 执行"基础设置"→"购销存"→"采购类型"命令，进入"采购类型"窗口，根据表 7-6 完成采购类型设置，如图 7-9 所示。

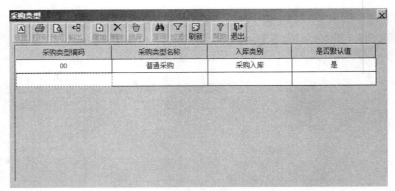

图7-9　采购类型

(11) 参照上述步骤，根据表 7-7 完成销售类型设置，如图 7-10 所示。

图7-10　销售类型

(12) 执行"基础设置"→"购销存"→"费用项目"命令，进入"费用项目"窗口，根据表 7-8 完成费用项目设置，如图 7-11 所示。

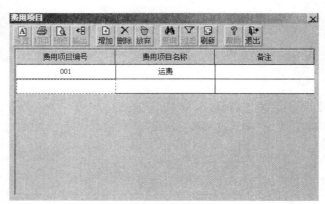

图7-11　费用项目

(13) 执行"核算"→"科目设置"→"存货科目"命令，进入"存货科目"窗口，根据表7-9完成存货科目设置，如图7-12所示。

图7-12　存货科目

(14) 执行"核算"→"科目设置"→"存货对方科目"命令，进入"对方科目设置"窗口，根据表7-10完成存货对方科目设置，如图7-13和图7-14所示。

图7-13　对方科目设置(1/2)

图7-14　对方科目设置(2/2)

(15) 执行"核算"→"科目设置"→"客户往来科目"命令，进入"客户往来科目设置"窗口，单击"基本科目设置"，根据表 7-11 完成客户往来科目设置，如图 7-15 所示。

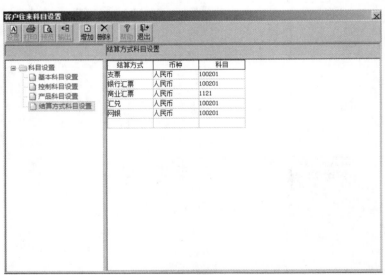

图7-15　客户往来科目设置

(16) 单击"结算方式科目设置"，根据表 7-12 完成客户往来结算方式科目设置，如图 7-16 所示。

图7-16　客户往来结算方式科目设置

(17) 参照"客户往来科目设置"操作步骤，根据表 7-13 完成供应商往来科目设置，如图 7-17 所示。

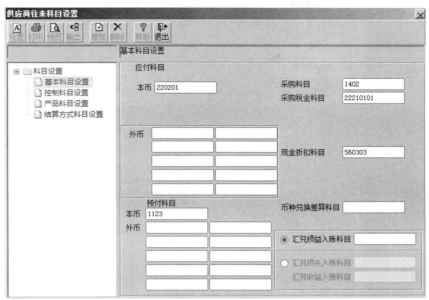

图7-17　供应商往来科目设置

(18) 参照"客户往来结算方式科目设置"操作步骤，根据表 7-14 完成供应商往来结算方式科目设置，如图 7-18 所示。

图7-18　供应商往来结算方式科目设置

(19) 执行"销售"→"客户往来"→"客户往来期初"命令，进入"期初余额-查询"窗口，单击"确定"按钮，如图 7-19 所示。

图7-19　客户往来期初余额—查询

(20) 进入"期初余额"窗口，单击"增加"按钮，进入"单据类别"窗口，选择单据名称为"销售发票"，单据类型为"专用发票"，单击"确定"按钮，如图 7-20 所示。

图7-20　单据类别

(21) 进入"期初录入"窗口，根据表 7-15 完成客户往来期初数据录入，如图 7-21 所示。

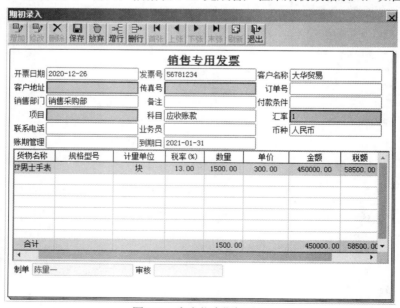

图7-21　客户往来期初录入

(22) 执行"库存"→"期初数据"→"库存期初"命令，进入"期初余额"窗口，选择需要录入的仓库，如"原料仓"，单击"增加"按钮，根据表 7-16 所示完成库存期初数据录入，如图 7-22 所示。

图7-22 期初余额(原料仓)

(23) 参照上述步骤，完成"成品仓"期初数据录入，如图 7-23 所示。

期初余额

期 初 余 额

仓库：成品仓　　　计价方式:全月平均法

存货编码	存货代码	存货名称	规格型号	计量单位	数量	单价
0201	0201	EP女士手表		块	5400	280
0202	0202	EP男士手表		块	5600	300
合计					11000.00	

图7-23 期初余额(成品仓)

(24) 执行"采购"→"期初记账"命令，系统弹出"期初记账"对话框，单击"记账"按钮，如图 7-24 所示。

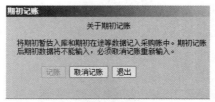

图7-24　采购模块期初记账

(25) 执行"库存"→"期初数据"→"期初余额"命令，进入"期初余额"窗口，单击"记账"按钮即可，如图 7-25 所示。

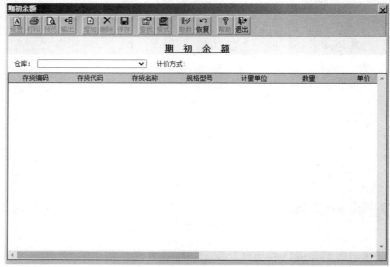

图7-25　库存模块期初记账

任务二　采购模块业务处理

购销存模块的采购功能菜单包括采购订单、采购入库单、采购发票、采购结算和付款结算等业务，以及各种取消操作。

一、采购订单

采购订单是采购管理系统中很重要的业务单据，通过订单可以对采购业务进行全程跟踪和控制，有利于企业加强采购业务管理。

二、采购入库单

采购入库单是根据采购到货签收的实收数量填制的单据。按进出仓库分为"入库单"和"退货单(红字)"。采购入库单可以直接录入，也可以由采购订单或采购发票流转生成。

三、采购发票

采购发票是供应商开出的销售货物的凭证。在收到供货单位的发票时，如果已经收到供货单位的货物，可以进行该项业务的采购结算工作。采购发票按发票类型分为增值税专用发票、普通发票和运费发票；按业务性质分为蓝字发票和红字发票。

四、采购结算

采购结算也称采购报账，是指采购核算人员根据采购入库单、采购发票核算采购入库成本。经过采购结算后，如果入库单上没有记载单价和金额，则将发票上的金额填入入库单，并传递给核算系统作为入库的成本；如果入库单上记载了金额，则以发票金额为准，使发票金额覆盖入库单上的金额。

五、付款结算

当收到供应商提供的货物和发票之后，财务部门核对发票和入库情况，若无误按双方约定的付款日期、付款方式和付款条件向供应商支付货款。付款结算需录入付款单据，并与应付给该供应商的应付货款进行核销。

采购业务的核销就是指确定付款单与采购发票、应付单之间的对应关系的操作。核销时需要明确每一次付款是付的哪一笔或哪几笔采购业务的款项。

六、取消操作

采购管理系统的各个业务处理环节，都可能由于各种各样的原因造成操作失误，为了方便修改，系统提供了取消操作的功能。取消操作的类型包括取消审核、取消结算、取消记账、取消核销、取消转账、取消并账等。

活动一　采购日常业务

【实训准备】

采购日常业务主要包括普通采购业务、现付业务、采购退货等业务类型。其中，普通采购业务按货物和发票到达的先后划分为单货同到、货到单未到(暂估入库)、单到货未到(在途业务)三种类型，不同业务类型的处理方式有所不同。

一、单货同到

单货同到业务的标准化处理流程如图 7-26 所示。

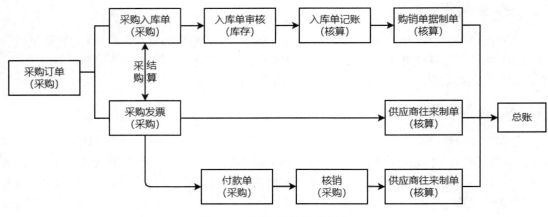

图7-26　采购标准化处理流程

二、货到单未到(暂估入库)

暂估是指本月存货已经入库，但采购发票尚未收到，不能确定存货的入库成本。月底时为了正确核算企业的库存成本，需要将这部分存货暂估入账，形成暂估凭证。对于暂估业务，系统提供了三种不同的处理方法。

1. 月初回冲

进入下月后，核算模块在存货明细账自动生成与暂估入库单完全相同的"红字回冲单"，冲回存货明细账中上月的暂估入库；对"红字回冲单"制单，冲回上月的暂估凭证。收到采购发票后，录入采购发票，对采购入库单和采购发票做采购结算。结算完毕后，进入核算模块，利用"暂估处理"功能，进行暂估处理后，系统根据发票自动生成一张"蓝字回冲单"，其中的金额为发票上的报销金额；同时登记存货明细账，使库存增加。对"蓝字回冲单"制单，生成采购入库凭证。

2. 单到回冲

下月初不做处理，采购发票收到后，在采购模块中录入并进行采购结算；再到核算模块中进行"暂估处理"，系统自动生成红字回冲单、蓝字回冲单，同时据以登记存货明细账。红字回冲单的入库金额为上月暂估金额，蓝字回冲单的入库金额为结算单上的报销金额。

3. 单到补差

下月初不做处理，采购发票收到后，在采购模块中录入并进行采购结算；再到核算模块中进行"暂估处理"，在存货明细账中根据报销金额与暂估金额的差额产生调整单，自动记入存货明细账；最后对"调整单"制单，生成凭证，传递到总账系统。

对于暂估业务，要注意在月末暂估入库单记账前要对所有的没有结算的入库单填入暂估单价，然后才能记账。

下面以单到回冲为例，暂估处理的业务流程如下。

本月末，货到单未到，处理流程如图 7-27 所示。

图7-27　月末暂估处理

下月，收到发票，处理流程如图 7-28 所示。

图7-28　下月单到回冲

三、单到货未到(在途业务)

如果先收到了供货单位的发票，而没有收到供货单位的货物，应先填制采购发票，待货物到达后，再填制入库单并做采购结算。

【实训任务】

以会计员 102 身份登录信息门户，并对下列采购日常业务进行处理。

业务一：
2021 年 1 月 1 日，与广州市花城表带制造有限公司签订采购订单，订购表壳 200 个，不含税单价为 40 元，税率 13%，并开出支票预付 5 000 元货款(支票号：20210101)。

业务二：
2021 年 1 月 2 日，收到与广州市花城表带制造有限公司签订采购订单的采购专用发票，发票号为 20210103，货款未付。

业务三：
2021 年 1 月 3 日，向广州花城表带订购的表壳到货，验收入库。

业务四：
2021 年 1 月 4 日，签发支票支付花城表带公司的货款，前期已预付部分货款(支票号：20210105)。

业务五：
2021 年 1 月 5 日，向佛山市朗杰钟表配件制造有限公司采购机芯 450 个，不含税单价为 95 元，同时收到采购专用发票，材料已入库，并签发一张商业汇票支付货款(票据号：20210110)。

业务六：

2021 年 1 月 7 日，向佛山市龙腾金属有限公司采购金属表带 500 个，不含税单价为 65 元，同时收到采购专用发票(发票号：20210115)，款项未付，材料尚未验收入库付款条件约定为 (2/10,1/20,n/30)。另以现金支付友邦物流的运费价税合计为 1 090 元(发票号：01010115)，税率为 9%。

业务七：

2021 年 1 月 10 日，开出支票支付佛山市龙腾金属有限公司的货款(支票号：20210120)。

业务八：

2021 年 1 月 12 日，收到佛山市龙腾金属有限公司发来的材料，其中有 10 个属于合理损耗，20 个属于非合理损耗，尚未查明原因。

业务九：

2021 年 1 月 13 日，向广州市花城表带制造有限公司购进表壳 370 个，货已到，暂未收到发票。

【实训指导】

输入或选择以下信息：用户名"102"；密码"空"；账套"020"；会计年度"2021"。

业务一：

(1) 执行"采购"→"采购订单"命令，进入"采购订单"窗口。

(2) 单击"增加"按钮，根据题目已知信息录入采购订单，单击"保存"按钮，如图 7-29 和图 7-30 所示。

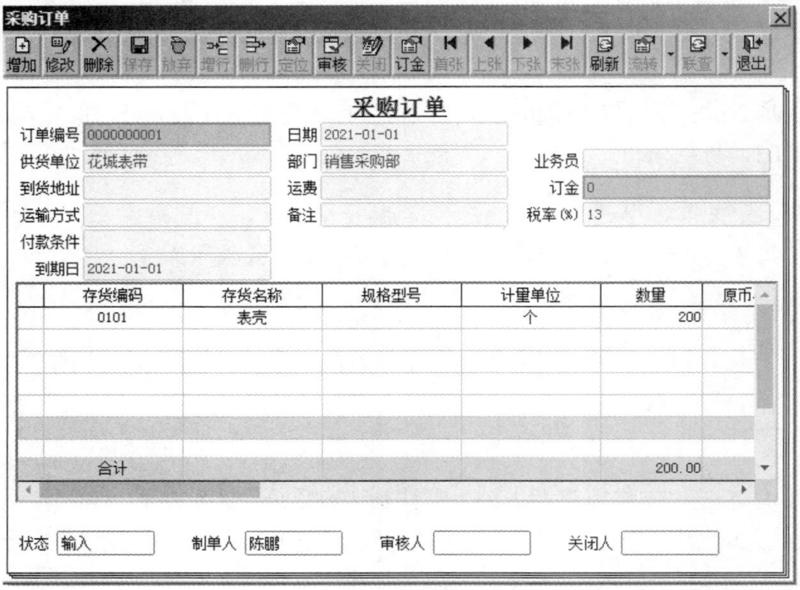

图7-29　采购订单(1/2)

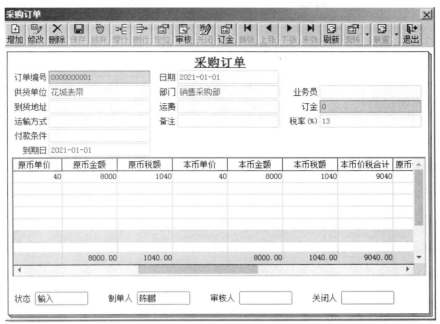

图7-30 采购订单(2/2)

(3) 再单击"审核"按钮，如图 7-31 所示。

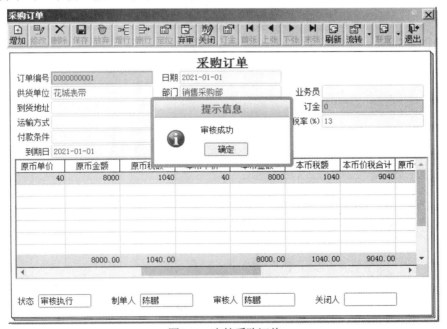

图7-31 审核采购订单

(4) 执行"采购"→"供应商往来"→"付款结算"命令，进入"单据结算"窗口，录入供应商"01 广州市花城表带制造有限公司"，如图 7-32 所示。

图7-32 增加付款单

(5) 单击"增加"按钮，根据题目已知信息录入付款单，单击"保存"按钮，如图 7-33 所示。

图7-33 录入付款单信息并保存

(6) 单击"预付"按钮即可完成采购订单的预付操作，如图 7-34 所示。

图7-34 完成预付货款操作

(7) 执行"核算"→"凭证"→"供应商往来制单"命令，进入"供应商制单查询"窗口，勾选"核销制单"复选框，单击"确定"按钮，如图 7-35 所示。

图7-35 供应商制单查询(核销制单)

(8) 选择需要制单的目录，单击"制单"按钮，审核无误后，单击"保存"按钮即可，如图 7-36 所示。

图7-36 填制凭证

业务二：

(1) 进入 1 日的采购订单窗口，执行"流转"→"生成专用发票"命令，系统自动弹出采购发票，根据题目已知信息完成采购专用发票的录入，并单击"保存"按钮，如图 7-37 和图 7-38 所示。

图7-37　采购发票(1/2)

图7-38　采购发票(2/2)

(2) 确认无误后，单击"复核"按钮，如图 7-39 所示。

图7-39 复核采购发票

(3) 执行"核算"→"凭证"→"供应商往来制单"命令，进入"供应商制单查询"窗口，勾选"发票制单"复选框，如图 7-40 所示。

图7-40 凭证查询条件

(4) 单击"确定"按钮，进入"供应商往来制单"窗口，选择需要制单的凭证，如图 7-41 所示。

图7-41 供应商往来制单

(5) 单击"制单"按钮,审核无误后,单击"保存"按钮即可,如图 7-42 所示。

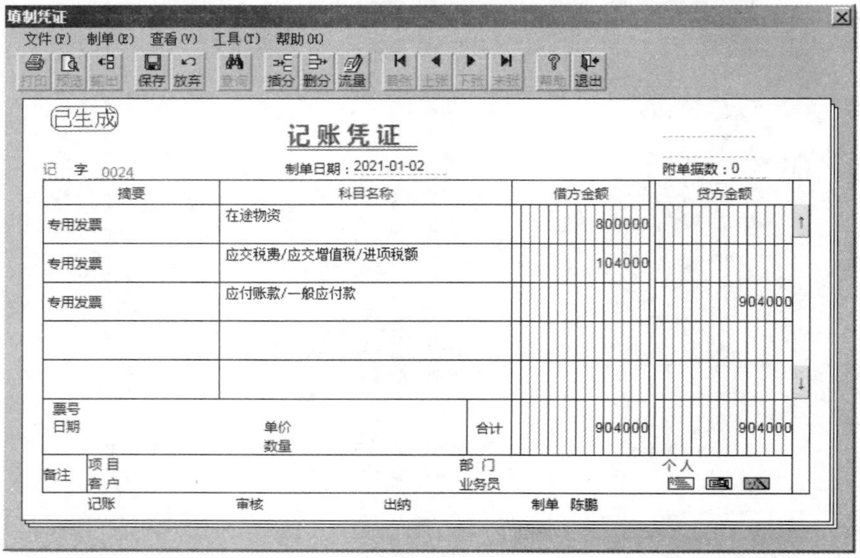

图7-42　采购专用发票制单

业务三:

(1) 进入 1 日的采购订单窗口,执行"流转"→"生成采购入库单"命令,进入"采购入库单"窗口,根据题目已知信息完成采购入库单的录入,如图 7-43 和图 7-44 所示。

图7-43　采购入库单(1/2)

图7-44　采购入库单(2/2)

(2) 执行"采购"→"采购结算"→"手工结算"命令，进入"条件输入"窗口，如图 7-45 所示。

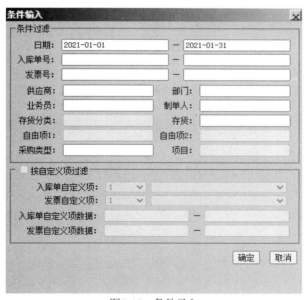

图7-45　条件录入

(3) 单击"确定"按钮，进入"入库单和发票选择"窗口，选择需要采购结算的采购入库单与采购发票。

(4) 单击"确定"按钮，进入"手工结算"窗口，单击"结算"按钮，如图 7-46 所示。

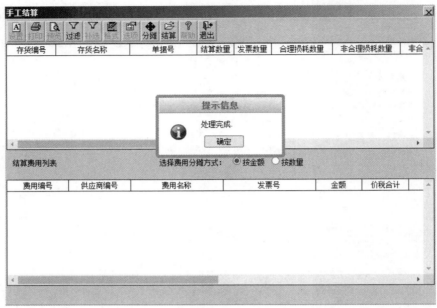

图7-46　手工结算

(5) 执行"库存"→"采购入库单审核"命令，进入"采购入库单审核"窗口，确认无误后，单击"复核"按钮，如图 7-47 所示。

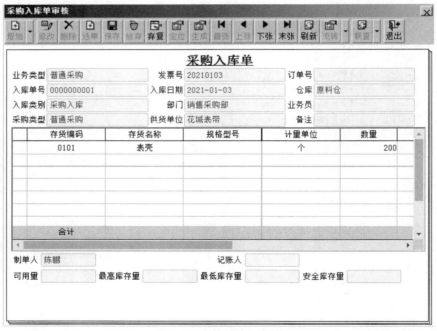

图7-47　审核采购入库单

(6) 执行"核算"→"核算"→"正常单据记账"命令，进入"正常单据记账条件"窗口，单击"确定"按钮，进入"正常单据记账"窗口，选择需要记账的采购入库单，单击"记账"按钮，如图 7-48 所示。

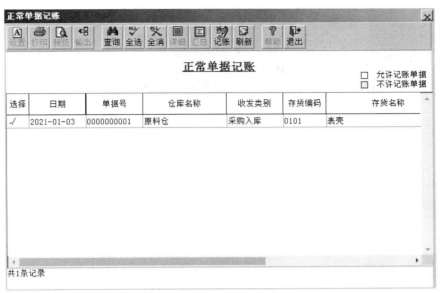

图7-48　正常单据记账

(7) 执行"核算"→"凭证"→"购销单据制单"命令，进入"生成凭证"窗口，如图 7-49 所示。

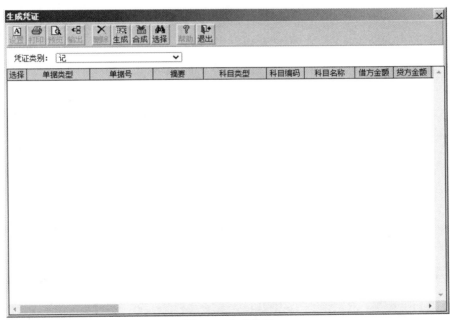

图7-49　生成凭证

(8) 单击"选择"按钮，勾选"采购入库单(报销记账)"复选框，如图 7-50 所示。

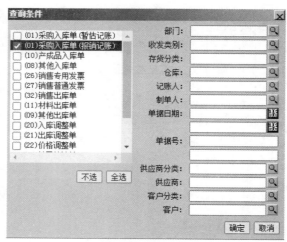

图7-50　查询条件

(9) 单击"确定"按钮，选择需要制单的采购入库单，单击"确定"按钮，如图 7-51 所示。

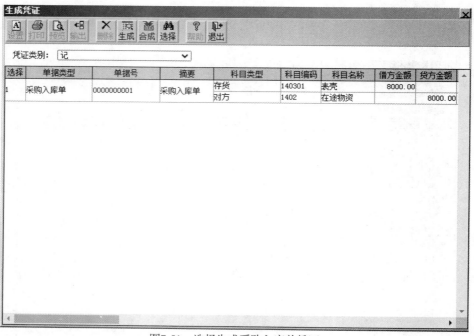

图7-51　选择生成采购入库单凭证

(10) 单击"生成"按钮，确认无误后，单击"保存"按钮即可，如图 7-52 所示。

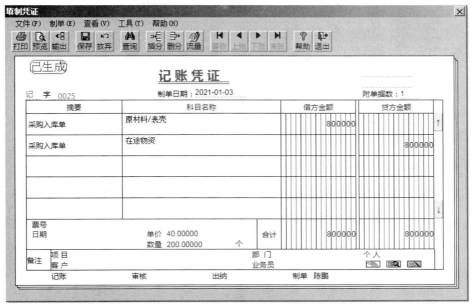

图7-52 凭证制单

业务四：

(1) 执行"采购"→"供应商往来"→"付款结算"命令，进入"单据结算"窗口，录入供应商"01 广州市花城表带制造有限公司"，单击"增加"按钮，根据题目已知信息完成付款单的录入，如图 7-53 所示。

图7-53 填制付款单

(2) 单击"核销"按钮，在"本次结算"栏中录入"4 040"，单击"保存"按钮，如图 7-54

所示。

图7-54　付款核销

（3）执行"采购"→"供应商往来"→"预付冲应付"命令，进入"预付冲应付"窗口，录入供应商"01 广州市花城表带制造有限公司"，单击"过滤"按钮，在"转账金额"栏中录入"5 000"，如图 7-55 所示。

图7-55　预付冲应付(预付款)

（4）在"应付款"选项卡中，单击"过滤"按钮，在"转账金额"栏中录入"5 000"，单击"确定"按钮，即可完成预付冲应付操作，如图 7-56 所示。

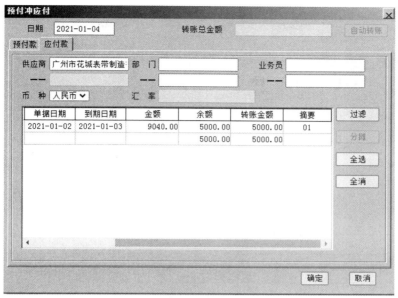

图7-56　预付冲应付(应付款)

(5) 执行"核算"→"凭证"→"供应商往来制单"命令，进入"供应商制单查询"窗口，勾选"核销制单"复选框，单击"确定"按钮。

(6) 进入"供应商往来制单"窗口，选择需要制单的目录，单击"制单"按钮，审核无误后，单击"保存"按钮，如图 7-57 所示。

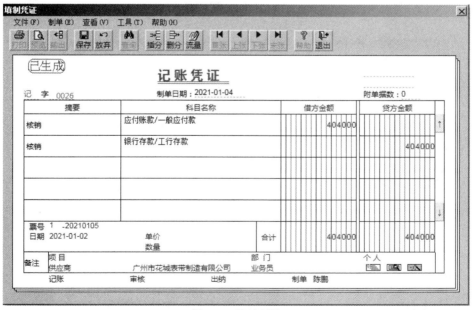

图7-57　核销制单

(7) 执行"核算"→"凭证"→"供应商往来制单"命令，进入"供应商制单查询"窗口，勾选"转账制单"复选框，单击"确定"按钮。

(8) 进入"供应商往来制单"窗口，选择需要制单的目录，单击"制单"按钮，审核无误后，单击"保存"按钮即可，如图 7-58 所示。

图7-58 预付冲应付制单

业务五：

(1) 执行"采购"→"采购发票"命令，进入"采购发票"窗口，根据题目已知信息完成采购专用发票的录入，如图 7-59 和图 7-60 所示。

图7-59 采购发票(1/2)

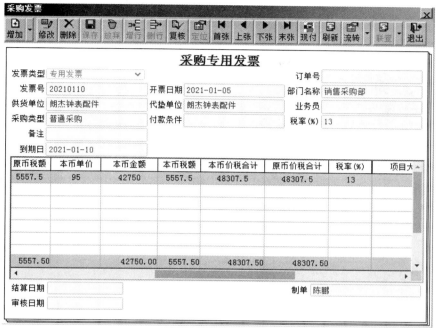

图7-60　采购发票(2/2)

(2) 单击"保存"按钮，再单击"现付"按钮，进入"采购现付"窗口，根据题目已知信息进行录入，如图 7-61 所示。

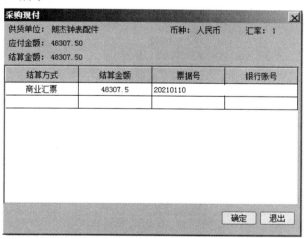

图7-61　采购现付

(3) 单击"确定"按钮即可完成"采购现付"操作，单击"退出"按钮。

(4) 再单击"复核"按钮，如图 7-62 所示。

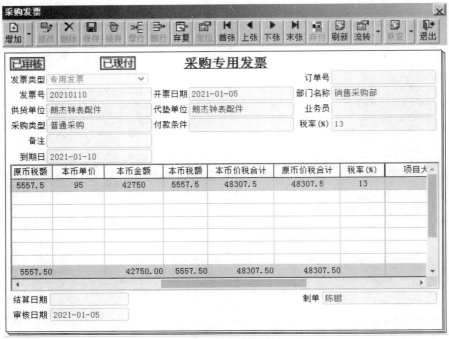

图7-62　采购发票复核

(5) 执行"流转"→"生成采购入库单"命令,进入"采购入库单"窗口,录入仓库为"原料仓",入库类别为"采购入库",如图 7-63 和图 7-64 所示,再单击"保存"按钮。

图7-63　采购入库单(1/2)

图7-64　采购入库单(2/2)

(6) 执行"采购"→"采购结算"→"手工结算"命令，进入"条件输入"窗口，单击"确定"按钮，进入"入库单和发票选择"窗口；选择需要进行采购结算的入库单和发票，单击"确定"按钮；进入"手工结算"窗口，单击"结算"按钮，如图 7-65 所示。

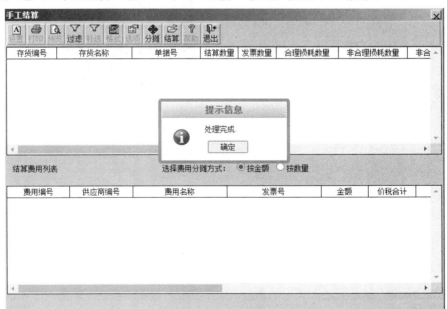

图7-65　手工结算

(7) 执行"库存"→"采购入库单审核"命令，进入"采购入库单审核"窗口，确认无误后，单击"复核"按钮，如图 7-66 所示。

图7-66　采购入库单审核

(8) 执行"核算"→"核算"→"正常单据记账"命令，进入"正常单据记账条件"窗口，如图 7-67 所示。

图7-67　正常单据记账条件

(9) 单击"确定"按钮，进入"正常单据记账"窗口，选择需要记账单的入库单，单击"记账"按钮，如图 7-68 所示。

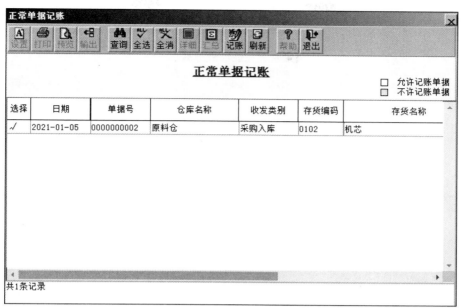

图7-68　正常单据记账

(10) 执行"核算"→"凭证"→"购销单据制单"命令，进入"生成凭证"窗口，如图 7-69 所示。

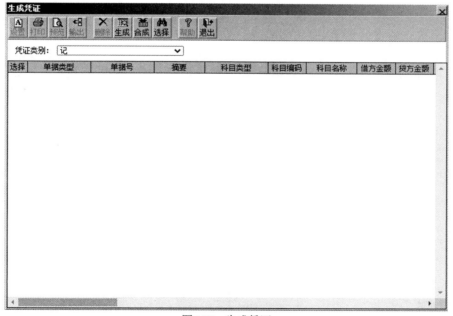

图7-69　生成凭证

(11) 单击"选择"按钮，勾选"采购入库单(报销记账)"复选框，单击"确定"按钮，选择需要制单的凭证，再勾选右上角"已结算采购入库单自动选择全部结算单上单据(包括入库、发票、付款单)，非本月采购入库单按蓝字报销单制单"复选框，如图 7-70 所示。

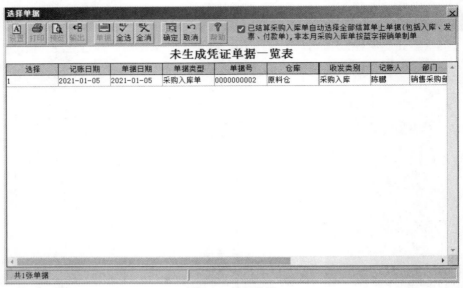

图7-70 选择单据

(12) 单击"确定"按钮，进入"生成凭证"窗口，修改存货科目编码与现结科目编码为"140302"与"2201"，如图 7-71 所示。

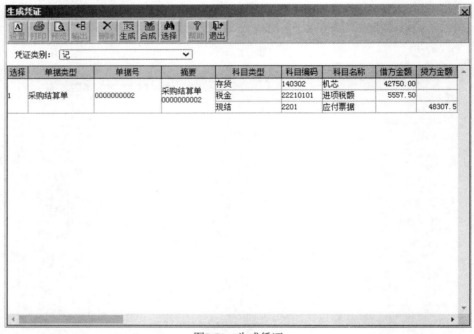

图7-71 生成凭证

(13) 单击"生成"按钮，进入"填制凭证"窗口，确认无误后，单击"保存"按钮即可，如图 7-72 所示。

图7-72　填制凭证

业务六：

(1) 执行"采购"→"采购发票"命令，根据题目已知信息完成采购货物专用发票的录入，单击"保存"按钮，如图 7-73 和图 7-74 所示。

图7-73　采购发票(1/2)

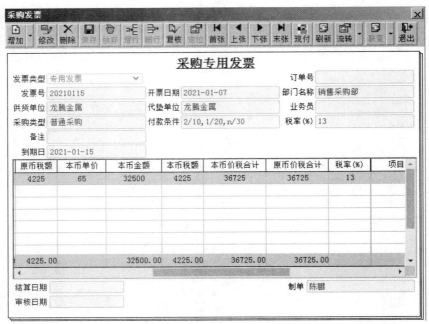

图7-74　采购发票(2/2)

(2) 确认无误后，单击"复核"按钮，如图 7-75 所示。

图7-75　采购发票复核

(3) 单击"增加"按钮，根据题目已知信息完成费用专用发票的录入，如图 7-76 和图 7-77 所示。

图7-76 采购运费发票(1/2)

图7-77 采购运费发票(2/2)

(4) 单击"现付"按钮,进入"采购现付"窗口,录入结算方式为"其他",结算金额为"1 090",如图 7-78 所示。

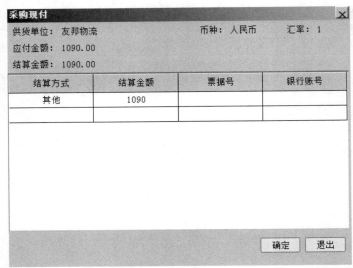

图7-78　采购现付

(5) 单击"确定"按钮后退出窗口，再单击"复核"按钮即可，如图 7-79 所示。

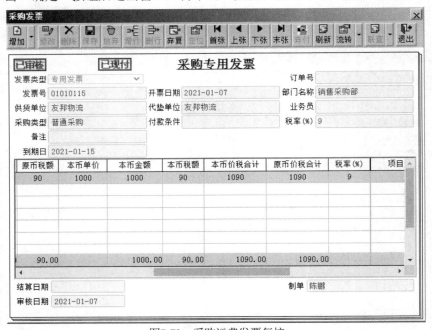

图7-79　采购运费发票复核

(6) 执行"核算"→"凭证"→"供应商往来制单"命令，进入"供应商制单查询"窗口，单击"确定"按钮；进入"供应商往来制单"窗口，选择需要制单的发票，如图 7-80 所示。

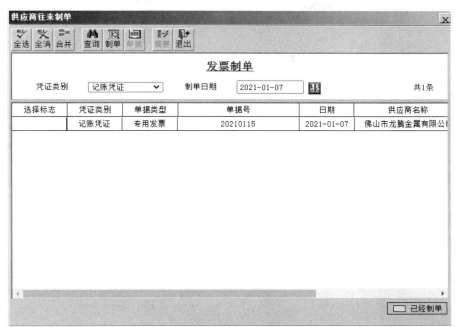

图7-80　选择制单的发票

(7) 单击"制单"按钮，进入"填制凭证"窗口，确认无误后，单击"保存"按钮，如图7-81 所示。

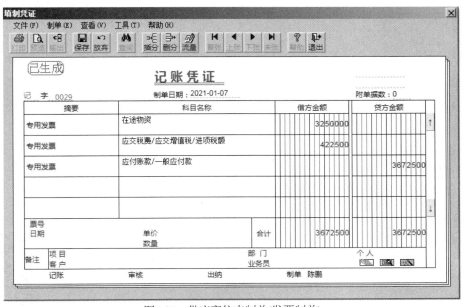

图7-81　供应商往来制单(发票制单)

(8) 执行"核算"→"凭证"→"供应商往来制单"命令，进入"供应商制单查询"窗口，勾选"现结制单"复选框，如图 7-82 所示。

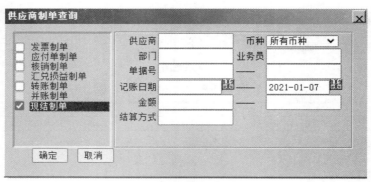

图7-82　供应商制单查询

(9) 单击"确定"按钮，进入"供应商往来制单"窗口，选择需要制单的记录，单击"制单"按钮，系统自动弹出凭证，修改贷方科目为"1001"，确认无误后，单击"保存"按钮即可，如图 7-83 所示。

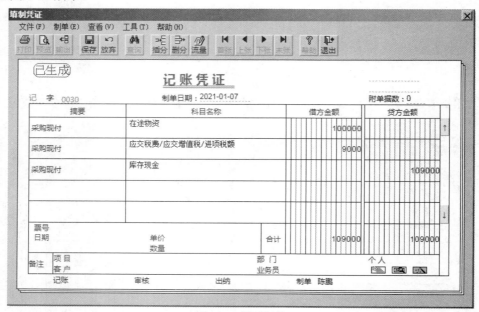

图7-83　凭证制单

业务七：

(1) 执行"采购"→"供应商往来"→"付款结算"命令，进入"单据结算"窗口，录入供应商"佛山市龙腾金属有限公司"，单击"增加"按钮，根据题目已知信息依次录入结算方式、金额、票据号等，单击"保存"按钮，如图 7-84 所示。

图7-84　单据结算

(2) 单击"核销"按钮，在"本次折扣"栏中填入"734.5"，单击"保存"按钮，如图 7-85
所示。

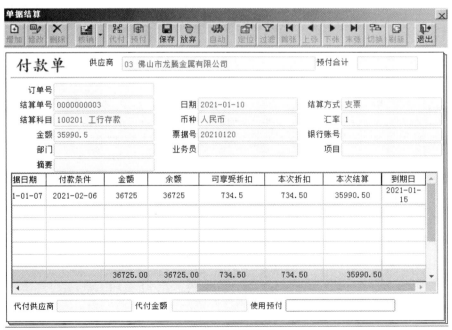

图7-85　核销付款单

(3) 执行"核算"→"凭证"→"供应商往来制单"命令，进入"供应商制单查询"窗口，
勾选"核销制单"复选框，如图 7-86 所示。

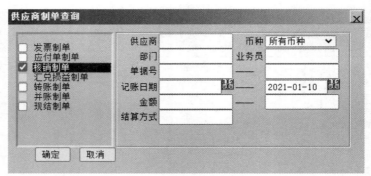

图7-86　供应商制单查询

（4）单击"确定"按钮，进入"供应商往来制单"窗口，选择需要制单的目录，单击"制单"按钮，审核无误后，单击"保存"按钮即可，如图 7-87 所示。

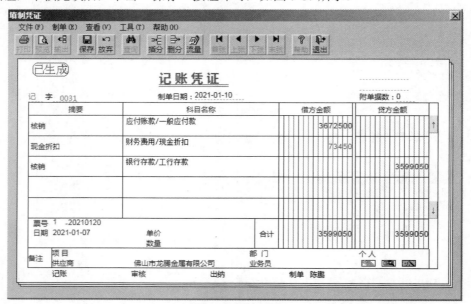

图7-87　核销制单

业务八：

（1）执行"采购"→"采购入库单"命令，根据题目已知信息依次录入仓库、入库类别、部门、采购类型、供货单位、存货编码、存货名称、数量，如图 7-88 所示。

（2）审核无误后，单击"保存"按钮，执行"流转"→"手工结算"命令，进入"条件输入"窗口，单击"确定"按钮。

（3）进入"入库单和发票选择"窗口，选择需要进行手工结算的入库单与发票。

图7-88　采购入库单

(4) 单击"确定"按钮，进入"手工结算"窗口，根据题目已知信息录入合理损耗数量"10"，非合理损耗数量"20"，非合理损耗金额"1 300"，选择费用分摊方式"按数量"，如图 7-89 所示。

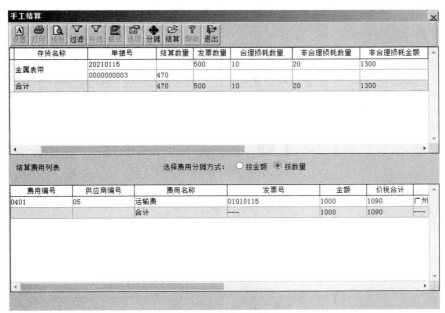

图7-89　手工结算

(5) 先单击"分摊"按钮，再单击"结算"按钮即可完成手工结算操作。

(6) 执行"库存"→"采购入库单审核"命令，进入"采购入库单审核"窗口，确认无误后，单击"复核"按钮，如图 7-90 所示。

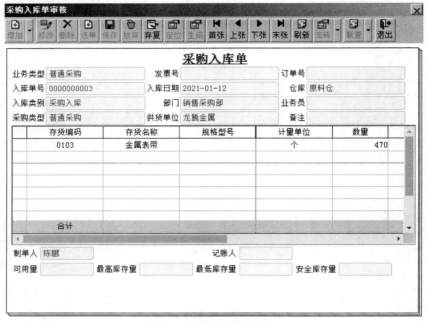

图7-90　采购入库单审核

(7) 执行"核算"→"核算"→"正常单据记账"命令，进入"正常单据记账条件"窗口，单击"确定"按钮。

(8) 进入"正常单据记账"窗口，选择需要记账的目录，单击"记账"按钮，如图 7-91 所示。

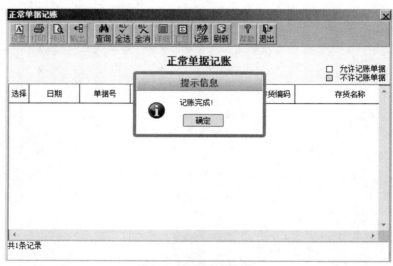

图7-91　正常单据记账

(9) 执行"核算"→"凭证"→"购销单据制单"命令，进入"生成凭证"窗口，单击"选择"，勾选"采购入库单(报销记账)"复选框，单击"确定"按钮，如图 7-92 所示。

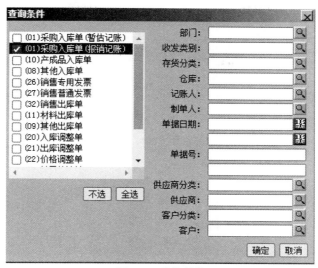

图7-92　查询条件

(10) 进入"选择单据"窗口，选择需要制单的目录，单击"确定"按钮。

(11) 进入"生成凭证"窗口，单击"生成"按钮，确认无误后，单击"保存"按钮，如图 7-93 所示。

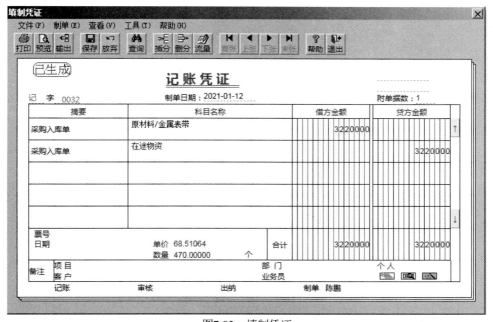

图7-93　填制凭证

(12) 执行"总账"→"凭证"→"填制凭证"命令，单击"增加"按钮，手工录入非合理损耗部分的凭证，如图 7-94 所示。

图7-94　手工制单

业务九：

(1) 执行"采购"→"采购入库单"命令，进入"采购入库单"窗口，单击"增加"按钮，根据题目已知信息分别录入仓库、入库类别、部门、采购类型、供货单位、存货编码、存货名称、数量，确认无误后，单击"保存"按钮即可，如图 7-95 所示。

图7-95　采购入库单

活动二　采购特殊业务

【实训准备】

一、采购退货业务

采购退货处理根据退货业务发生的不同时间，系统采用不同的处理方法，具体处理方法如下。

1. 货虽收到，但未办入库手续

由于尚未录入采购入库单，此时只要把货退还供应商即可，系统中不用做任何处理。

2. 已入库，但未收到账单

此时需要录入退货单，待收到实收数量的采购发票后，将入库单、退货单和采购发票进行结算，再完成后续操作。

3. 已入库，已收到账单

此时不仅需要录入退货单，还需取得红字增值税发票并将其录入系统，将退货单与红字专用发票进行结算，并完成后续操作。

二、转账处理

在实际工作中往来单位之间有可能互为供应单位，往来款项业务十分复杂。双方单位之间经常出现既有应收账款又有预收账款、既有应收账款又有应付账款的情况，因此，在实际工作中可以根据不同情况将预付账款冲抵应付账款，以应付账款冲抵应收账款等。转账处理功能即是完成往来业务相互冲抵操作的功能。

【实训任务】

以会计员 102 身份进入信息门，并对以下采购特殊业务进行处理。

业务一：

2021 年 1 月 14 日向佛山市朗杰钟表配件制造有限公司采购机芯 150 个，不含税单价为 38 元，材料已入库其中有 50 个为不合理损耗，对方公司开出数量为 100 的采购专用发票，款项未付(发票号：20210114)。

业务二：

2021 年 1 月 16 日，发现 14 日购买的材料质量全部不合格，经协商决定全部退货，同时收到对方开具的红字专用发票(发票号：20210116)。

业务三：

2021 年 1 月 20 日，本月 5 日向朗杰钟表采购的机芯有部分损坏，但不影响其正常使用，经协商决定给予我公司 6%的折让，当日收到支票一张(支票号：20210120)。

【实训指导】

业务一：

(1) 执行"采购"→"采购发票"命令，进入"采购发票"窗口，单击"增加"按钮右侧的下拉箭头，选择"专用发票"，根据题目已知信息分别录入发票号、供货单位、部门名称、采购类型、存货编码、存货名称、数量、原币单价，录入完毕单击"保存"按钮，如图 7-96 和图 7-97 所示。确认无误后，单击"复核"按钮。

图7-96　采购发票(1/2)

图7-97　采购发票(2/2)

(2) 执行"采购"→"采购入库单"命令，进入"采购入库单"窗口，单击"增加"按钮右侧的下拉箭头，选择"采购入库单"，根据题目已知信息录入入库类别、采购类型、仓库、部门、供货单位、存货编码、数量，如图 7-98 所示。确认无误后，单击"保存"按钮。

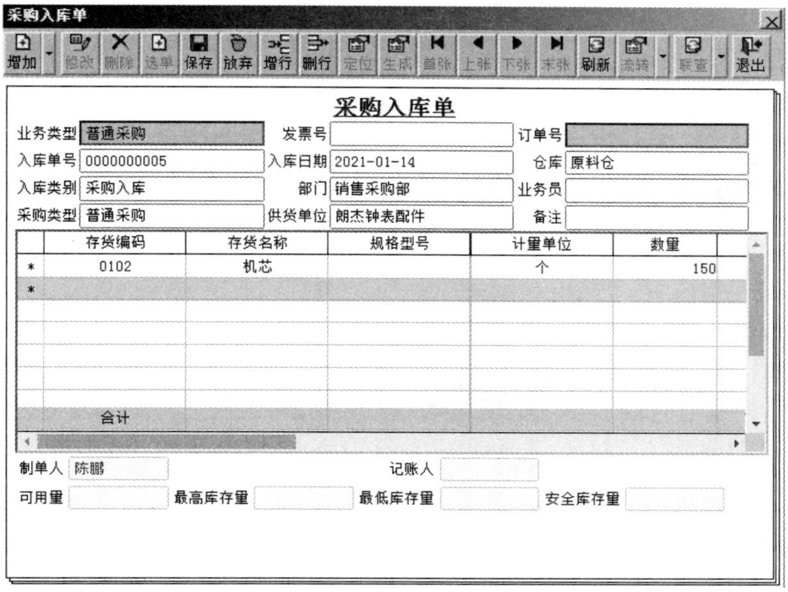

图7-98 采购入库单

(3) 单击"增加"按钮右侧的下拉箭头，选择"采购入库单(红字)"，根据题目已知信息分别录入仓库、入库类别、部门、采购类型、供货单位，存货编码、存货名称、数量，如图 7-99 所示。确认无误后，单击"保存"按钮。

图7-99 红字采购入库单

(4) 执行"采购"→"采购结算"→"手工结算"命令,进入"条件输入"窗口,单击"确定"按钮。

(5) 进入"入库单和发票选择"窗口,选择需要结算的入库单和发票,单击"确定"按钮,如图 7-100 所示。

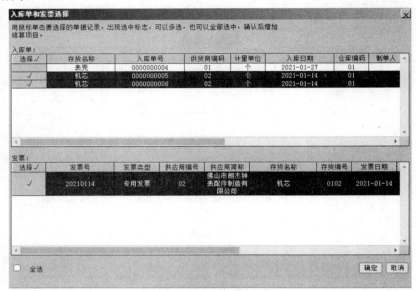

图7-100 入库单和发票选择

(6) 进入"手工结算"窗口,单击"结算"按钮。

(7) 执行"库存"→"采购入库单审核"命令,进入"采购入库单审核"窗口,确认无误后,单击"复核"按钮,如图 7-101 和图 7-102 所示。

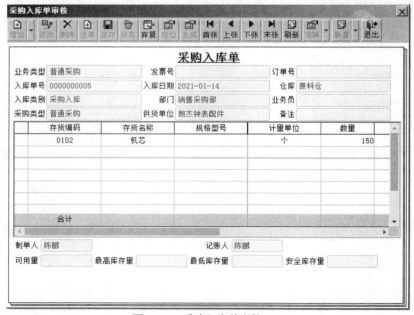

图7-101 采购入库单审核(1/2)

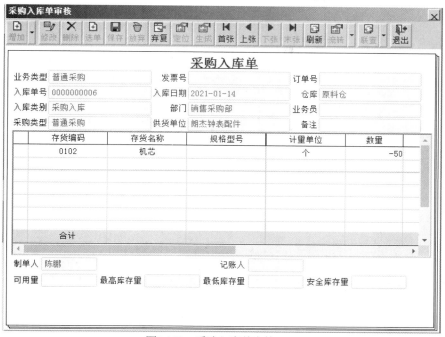

图7-102　采购入库单审核(2/2)

(8) 执行"核算"→"核算"→"正常单据记账"命令，进入"正常单据记账条件"窗口，单击"确定"按钮。

(9) 进入"正常单据记账"窗口，选择需要记账的目录，单击"记账"按钮。

(10) 执行"核算"→"凭证"→"购销单据制单"命令，进入"生成凭证"窗口，单击"选择"按钮，勾选"采购入库单(报销记账)"复选框，再单击"确定"按钮，如图 7-103 所示。

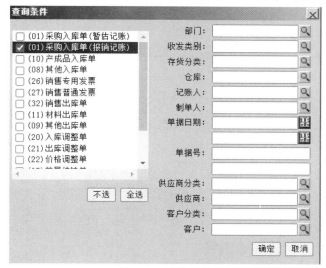

图7-103　查询条件

(11) 选择需要制单的目录，单击"确定"按钮，如图 7-104 所示。

图7-104　选择单据

(12) 进入"生成凭证"窗口，单击"生成"按钮，进入"填制凭证"窗口，确认无误后，单击"保存"按钮，如图 7-105 所示。

图7-105　红字采购入库单制单

(13) 单击"下张"按钮，确认无误后，单击"保存"按钮，如图 7-106 所示。

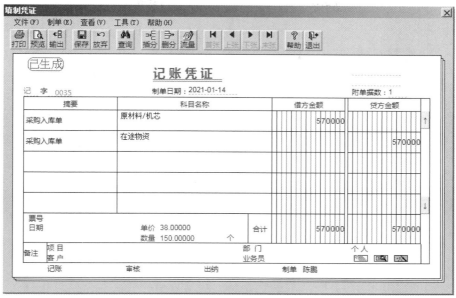

图7-106 采购入库单制单

(14) 执行"核算"→"凭证"→"供应商往来制单"命令，进入"供应商制单查询"窗口，勾选"发票制单"复选框，单击"确定"按钮。

(15) 进入"供应商往来制单"窗口，选择需要制单的目录，单击"制单"按钮。

(16) 进入"填制凭证"窗口，确认无误后，单击"保存"按钮即可，如图 7-107 所示。

图7-107 专用发票制单

业务二：

(1) 执行"采购"→"采购发票"命令，进入"采购发票"窗口，单击"增加"按钮右侧的下拉箭头，选择"专用发票(红字)"，根据题目已知信息分别录入发票号、部门名称、供货单位、采购类型、存货编码、存货名称、数量、原币单价，录入完毕单击"保存"按钮，如图 7-108 和图 7-109 所示。确认无误后，单击"复核"按钮。

图7-108　采购专用发票(1/2)

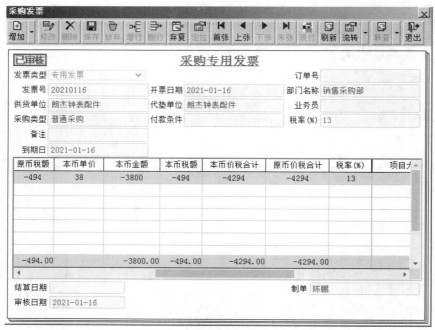

图7-109　采购专用发票(2/2)

　　(2) 执行"流转"→"生成红字采购入库单"命令，进入"采购入库单"窗口，根据题目已知信息分别录入入库类别、仓库，如图 7-110 所示。确认无误后，单击"保存"按钮。

图7-110　红字采购入库单

(3) 执行"采购"→"采购结算"→"手工结算"命令,进入"条件输入"窗口,单击"确定"按钮。

(4) 进入"入库单和发票选择"窗口,选择需要结算的入库单与发票,单击"确定"按钮,如图 7-111 所示。

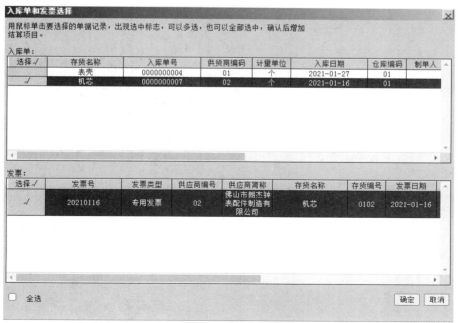

图7-111　入库单和发票选择

(5) 进入"手工结算"窗口，单击"结算"按钮。

(6) 执行"库存"→"采购入库单审核"命令，进入"采购入库单审核"窗口，单击"复核"按钮。

(7) 执行"核算"→"核算"→"正常单据记账"命令，进入"正常单据记账条件"窗口，单击"确定"按钮。

(8) 进入"正常单据记账"窗口，选择需要记账的目录，单击"记账"按钮。

(9) 执行"核算"→"凭证"→"购销单据制单"命令，进入"生成凭证"窗口，单击"选择"按钮，勾选"采购入库单(报销记账)"复选框，单击"确定"按钮。

(10) 进入"选择单据"窗口，选择需要制单的目录，同时勾选"已结算采购入库单自动选择全部结算单上单据(包括入库、发票、付款单)，非本月采购入库单按蓝字报销单制单"复选框，单击"确定"按钮。

(11) 进入"生成凭证"窗口，单击"生成"按钮，确认无误后，单击"保存"按钮即可，如图 7-112 所示。

图7-112　采购结算单制单

业务三：

(1) 执行"采购"→"采购发票"命令，进入"采购发票"窗口，单击"增加"按钮右侧的下拉箭头，选择"专用发票(红字)"，根据题目已知信息分别录入发票号、部门名称、供货单位、采购类型，存货编码、存货名称、数量、原币单价，录入完毕单击"保存"按钮，如图 7-113 和图 7-114 所示。

图7-113　采购发票(1/2)

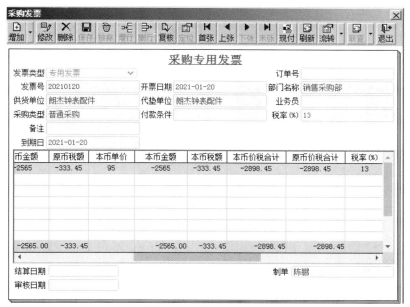

图7-114　采购发票(2/2)

　　(2) 单击"现付"按钮，进入"采购现付"窗口，根据题目已知信息分别录入结算方式、结算金额、票据号，录入完毕单击"确定"按钮，如图 7-115 所示。

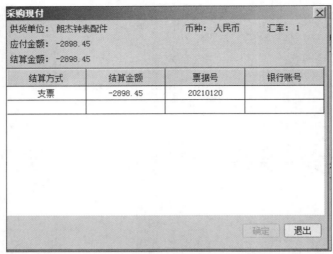

图7-115　采购现付

(3) 确认无误后，单击"复核"按钮。

(4) 执行"流转"→"生成红字采购入库单"命令，进入"采购入库单"窗口，填制红字采购入库单后，单击"保存"按钮，如图 7-116 所示。

图7-116　红字采购入库单

(5) 执行"流转"→"手工结算"命令，进入"条件输入"窗口，单击"确定"按钮。

(6) 进入"入库单和发票选择"窗口，选择需要结算的入库单与发票，单击"确定"按钮。

(7) 进入"手工结算"窗口，单击"结算"按钮。

(8) 执行"库存"→"采购入库单审核"命令，进入"采购入库单审核"窗口，确认无误后，单击"审核"按钮。

(9) 执行"核算"→"核算"→"正常单据记账"命令，进入"正常单据记账条件"窗口，单击"确定"按钮。

(10) 进入"正常单据记账"窗口，选择需要记账的目录，单击"记账"按钮。

(11) 执行"核算"→"凭证"→"购销单据制单"命令，进入"生成凭证"窗口，单击"选择"按钮。

(12) 进入"查询条件"窗口，勾选"采购入库单(报销记账)"复选框，单击"确定"按钮。

(13) 进入"选择单据"窗口，选择需要制单的目录，同时勾选"已结算采购入库单自动选择全部结算单上单据(包括入库、发票、付款单)，非本月采购入库单按蓝字报销单制单"复选框，再单击"确定"按钮。

(14) 进入"生成凭证"窗口，单击"生成"按钮，确认无误后，单击"保存"按钮即可，如图 7-117 所示。

图7-117　填制凭证

※ 任务三　销售模块业务处理

销售管理模块与采购管理模块、库存管理模块和核算管理模块密切相关，一起组成完整的企业供应链管理系统。销售管理模块的发货单等单据审核后自动生成销售出库单传递给库存管理模块和核算管理模块；库存管理模块为销售管理模块提供可用于销售的存货现存量；核算管理模块为销售管理模块提供的各种单据生成记账凭证。

购销存模块的销售功能菜单主要有销售订单、销售发货单、销售发票、收款结算等业务，以及各种取消操作。

一、销售订单

销售订货是确认客户要货需求的过程。客户的订货需求通过销售订单的形式反映，企业根据销售订单组织货源，并对订单的执行进行管理、控制和追踪。

二、销售发货单

销售发货是企业将货物交给客户的过程，它是营销过程的重要环节，企业根据销售订单生成的发货单发货。发货单是确认发货的依据，也是销售发货业务的执行载体，客户通过发货单取得货物所有权，仓库根据发货单办理出库。

销售发货单可以直接录入，也可以由销售订单或销售发票产生。

三、销售发票

销售发票是指给客户开具的增值税专用发票或普通发票。销售发票可以参照发货单生成，也可以参照销售订单生成或直接填制，销售发票经复核后通知财务部门形成应收账款。

销售发票按发票类型分为销售专用发票、销售普通发票；按业务性质分为蓝字发票和红字发票。

四、收款结算

当将客户购买的货物发出并开具发票后，要按收款条件向客户收取货款。收到货款时需要录入收款单据，并与应收该客户的应收款项进行核销。收款核销处理的结果将在核算系统中生成记账凭证并传递到总账系统。

销售业务的核销就是确定收款单与销售发票、应收单之间的对应关系的操作。核销时需要明确每一次收款是收哪一笔或哪几笔销售业务的款项。

五、取消操作

销售管理系统的各个业务处理环节，都可能由于各种各样的原因造成操作失误，为了方便修改，系统提供了取消操作的功能。取消操作的类型包括取消审核、取消核销、取消转账、取消并账、删除凭证等。

活动一　销售日常业务

【实训准备】

销售日常业务主要包括销售订单管理、普通销售业务、现收业务等业务类型。其中，普通销售业务按销售发货的业务处理模式分为"先发货后开票"和"开票直接发货"两种模式，不同销售模式其相应的业务处理流程也不同。

一、先发货后开票

普通销售业务的标准化处理流程如图 7-118 所示。

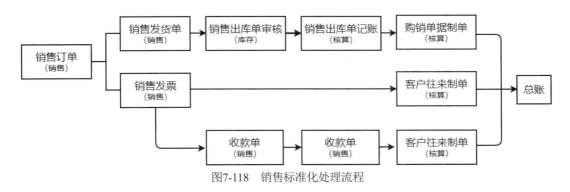

图7-118　销售标准化处理流程

对于先发货后开票的业务，在销售管理中需要做的工作有以下几步。

1. 录入并审核销售订单

在处理订货业务时，可以利用销售管理模块的订单管理功能进行处理。销售订单被保存后，可在"销售订单列表"中查询。

2. 参照销售订单生成发货单并审核

在先发货后开票业务模式下，发货单可以参照销售订单产生，也可以直接录入。发货单被保存后，只有经过审核，发货单中的数据才能记入相关的统计表。发货单经审核后，系统将分仓库生成销售出库单，并传递到库存管理系统，冲减库存量；也只有审核过的发货单开具销售发票时才能参照。

3. 生成销售开票

销售开票是销售业务的重要环节，它是销售收入确认、销售成本计算、应交销售税金确认和应收账款确认的依据。

销售发票按发票类型分为增值税专用发票和普通发票，按业务性质分为蓝字发票和红字发票。

二、开票直接发货

开票直接发货与先发货后开票的销售业务模式不同，销售部门根据销售订单填制销售发票并审核，审核后的销售发票自动生成相应的发货单、销售出库单及应收账款，并传递到库存管理模块和存货核算模块。

对于开票直接发货的销售业务模式，在销售管理中需要做的工作有录入销售发票、审核销售发票、根据销售发票生成发货单。

【实训任务】

以会计员102身份登录信息门户，并对以下销售日常业务进行处理。

业务一：

2021 年 1 月 21 日，与香港时间廊钟表有限公司签订销售订单，销售 EP 女士手表 1500 块，不含税单价为 400 元，并收到该企业用于预收款 300 000 元的支票一张(支票号：20210121)。

业务二：

2021 年 1 月 22 日，开出 21 日订单的销售专用发票一张销售发票，货已发出，款项尚未收到(发票号：20210122)。

业务三：

2021 年 1 月 23 日，收到香港时间廊钟表有限公司的支票一张用于支付前欠货款，前期已预收部分货款(支票号：20210123)。

业务四：

2021 年 1 月 25 日，北京大华贸易有限公司购进 EP 男士手表 800 块，不含税单价为 400 元，货已发出。

业务五：

2021 年 1 月 26 日，开出 25 日发出货物的专用发票一张，并给予 5%的商业折扣，当日收到商业承兑汇票用于支付货款(票据号：20210126)。

业务六：

2021 年 1 月 27 日，向上海市美云贸易有限公司销售 EP 女士手表 270 块，不含税单价为 390 元，并给予对方公司付款条件价税合计 2/10,1/20,n/30，当日以现金为客户代垫运费 1 000 元。货已发出，款项尚未收到(发票号：20210127)。

业务七：

2021 年 1 月 28 日，收到上海市美云贸易公司银行汇票一张(票据号：20210128)。

【实训指导】

业务一：

(1) 执行"销售"→"销售订单"命令，进入"销售订单"窗口，根据题目已知信息分别录入订单日期、销售类型、客户名称、销售部门、货物编码、货物名称、数量、无税单价，录入完毕单击"保存"按钮，如图 7-119 和图 7-120 所示。确认无误后，单击"审核"按钮。

图7-119　销售订单(1/2)

图7-120　销售订单(2/2)

(2) 执行"销售"→"客户往来"→"收款结算"命令，进入"收款结算"窗口，录入客户"香港时间廊钟表有限公司广州分公司"。单击"增加"按钮，根据题目已知信息分别录入结算方式、金额、票据号，单击"保存"按钮，如图 7-121 所示。

图7-121　收款结算

(3) 进入"收款结算"窗口，单击"预收"按钮，如图 7-122 所示。

图7-122　预收

(4) 执行"核算"→"凭证"→"客户往来制单"命令，进入"客户制单查询"窗口，勾选"核销制单"复选框，如图 7-123 所示。

图7-123 客户制单查询

(5) 单击"确定"按钮，进入"客户往来制单"窗口，选择需要制单的目录，如图 7-124 所示。

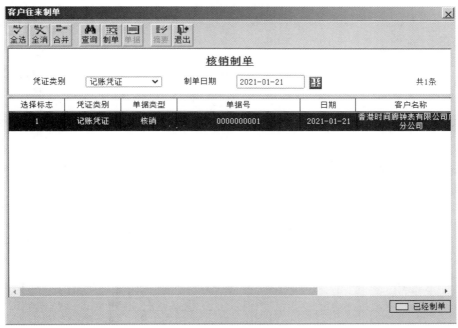

图7-124 客户往来制单

(6) 单击"制单"按钮，进入"填制凭证"窗口，确认无误后，单击"保存"按钮即可，如图 7-125 所示。

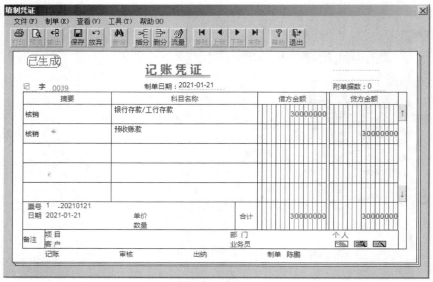

图7-125 核销制单

业务二：

(1) 执行"销售"→"销售订单"命令，进入"销售订单"窗口，执行"流转"→"生成专用发票"命令，进入"销售发票"窗口。

(2) 根据题目已知信息分别录入发票号、销售类型、客户名称、销售部门、仓库、货物名称、数量、无税单价，录入完毕单击"保存"按钮，如图7-126和图7-127所示。确认无误后，单击"复核"按钮。

图7-126 销售发票(1/2)

图7-127 销售发票(2/2)

(3) 执行"库存"→"销售出库单生成/审核"命令，进入"销售出库单"窗口，单击"复核"按钮，如图 7-128 所示。

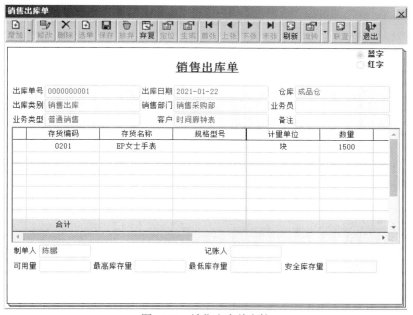

图7-128 销售出库单审核

(4) 执行"核算"→"凭证"→"客户往来制单"命令，进入"客户制单查询"窗口，勾选"发票制单"复选框，单击"确定"按钮。

(5) 进入"客户往来制单"窗口，选择需要制单的目录，单击"制单"按钮。

(6) 进入"填制凭证"窗口，确认无误后，单击"保存"按钮即可，如图 7-129 所示。

图7-129　销售专用发票制单

业务三：

(1) 执行"销售"→"客户往来"→"收款结算"命令， 进入"收款结算"窗口，选择客户"香港时间廊钟表有限公司广州分公司"，单击"增加"按钮，根据题目已知信息分别录入结算方式、金额、票据号，录入完毕，单击"保存"按钮，如图 7-130 所示。

图7-130　填制收款单

(2) 单击"核销"按钮,在"本次结算"栏中录入"378 000",单击"保存"按钮,如图7-131 所示。

图7-131 核销

(3) 执行"销售"→"客户往来"→"预收冲应收"命令,进入"预收冲应收"窗口,在"预收款"选项卡中录入客户,单击"过滤"按钮,在"转账金额"栏中录入"300 000"或单击"全选"按钮,如图 7-132 所示。

图7-132 预收冲应收(预收款)

(4) 进入"应收款"选项卡，再次单击"过滤"按钮，在"转账金额"栏中录入"300 000"或单击"全选"按钮，最后单击"确定"按钮，如图 7-133 所示。

图7-133 预收冲应收(应收款)

(5) 执行"核算"→"凭证"→"客户往来制单"命令，进入"客户制单查询"窗口，勾选"核销制单"复选框，单击"确定"按钮，如图 7-134 所示。

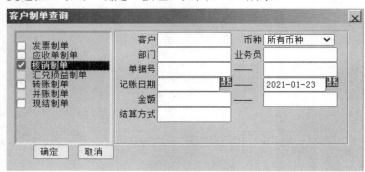

图7-134 客户制单查询

(6) 进入"客户往来制单"窗口，选择需要制单的目录，单击"制单"按钮。

(7) 进入"填制凭证"窗口，确认无误后，单击"保存"按钮，如图 7-135 所示。

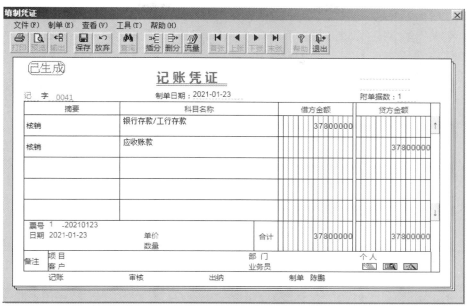

图7-135 核销制单

(8) 返回"客户往来制单"窗口,单击"查询"按钮。

(9) 进入"客户制单查询"窗口,勾选"转账制单"复选框,单击"确定"按钮。

(10) 进入"客户往来制单"窗口,选择需要制单的目录,单击"制单"按钮。

(11) 进入"填制凭证"窗口,确认无误后,单击"保存"按钮,如图 7-136 所示。

图7-136 预收冲应收制单

业务四:

(1) 执行"销售"→"销售发货单"命令,进入"发货单"窗口,单击

"增加"按钮，根据题目已知信息分别录入销售类型、销售部门、仓库、货物名称、数量、无税单价，录入完毕单击"保存"按钮，如图 7-137 和图 7-138 所示。确认无误后，单击"审核"按钮。

图7-137　发货单(1/2)

图7-138　发货单(2/2)

(2) 执行"库存"→"销售出库单生成/审核"命令，进入"销售出库单"窗口，单击"复核"按钮即可，如图 7-139 所示。

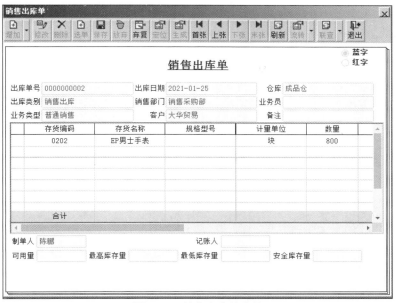

图7-139　销售出库单审核

业务五：

(1) 执行"销售"→"销售发票"命令，进入"销售发票"窗口，单击"增加"按钮右侧的下拉箭头，选择"专用发票"，系统弹出"信息"对话框，单击"确定"按钮。

(2) 单击"选单"按钮右侧的下拉箭头，选择"发货单"，进入"发货单条件选择"窗口，单击"确定"按钮。

(3) 进入"选择发货单"窗口，单击发货单列表中的发货单，单击"确认"按钮，如图 7-140 所示。

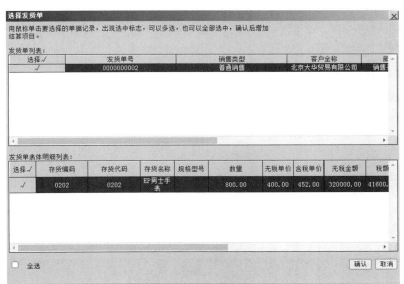

图7-140　选择发货单

(4) 进入"销售发票"窗口，根据题目已知信息修改发票，因为有商业折扣 5%，因此在"报价"和"扣率(%)"栏中分别录入"400"与"95"，单击"保存"按钮，如图 7-141 和图 7-142 所示。

图7-141　销售发票(1/2)

图7-142　销售发票(2/2)

(5) 单击"现结"按钮,进入"销售现结"窗口,根据题目已知信息分别录入结算方式、结算金额、票据号,录入完毕单击"确定"按钮,如图 7-143 所示。

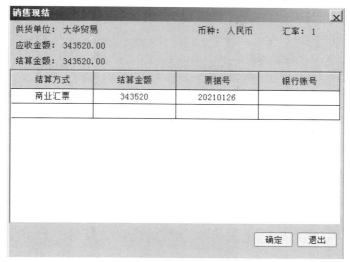

图7-143 销售现结

(6) 确认无误后,单击"复核"按钮,如图 7-144 所示。

图7-144 复核销售发票

(7) 执行"核算"→"凭证"→"客户往来制单"命令,进入"客户制单查询"窗口,勾选"现结制单"复选框,单击"确定"按钮,如图 7-145 所示。

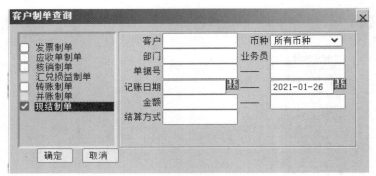

图7-145　客户制单查询

(8) 进入"客户往来制单"窗口，选择需要制单的目录，单击"制单"按钮。

(9) 进入"填制凭证"窗口，确认无误后，单击"保存"按钮即可，如图 7-146 所示。

图7-146　现结制单

业务六:

(1) 执行"销售"→"销售发票"命令，进入"销售发票"窗口，单击"增加"按钮右侧的下拉箭头，选择"专用发票"，系统弹出"信息"对话框，单击"确定"按钮。

(2) 根据系统已知信息分别录入发票号、客户名称、销售类型、销售部门、付款条件、仓库、货物名称、数量、无税单价，单击"保存"按钮，如图 7-147 与 7-148 所示。

图7-147 销售发票(1/2)

图7-148 销售发票(2/2)

(3) 单击"代垫"按钮,进入"代垫费用单"窗口,单击"增加"按钮,根据题目已知信息分别录入代垫单号、费用项目、代垫金额,录入完毕单击"保存"按钮,如图 7-149 所示。确认无误后,单击"审核"按钮。

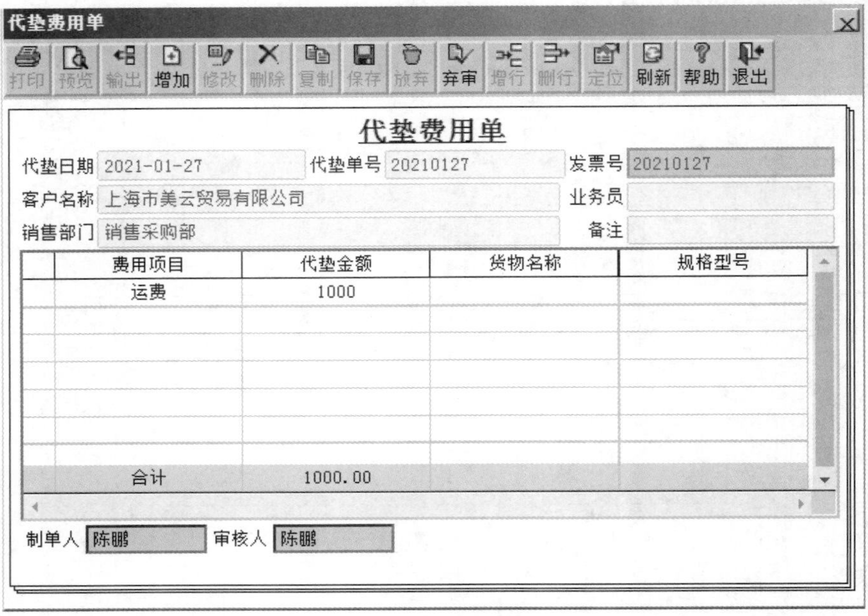

图7-149 代垫费用单

(4) 执行"库存"→"销售出库单生成/审核"命令,进入"销售出库单"窗口,确认无误后,单击"复核"按钮,如图 7-150 所示。

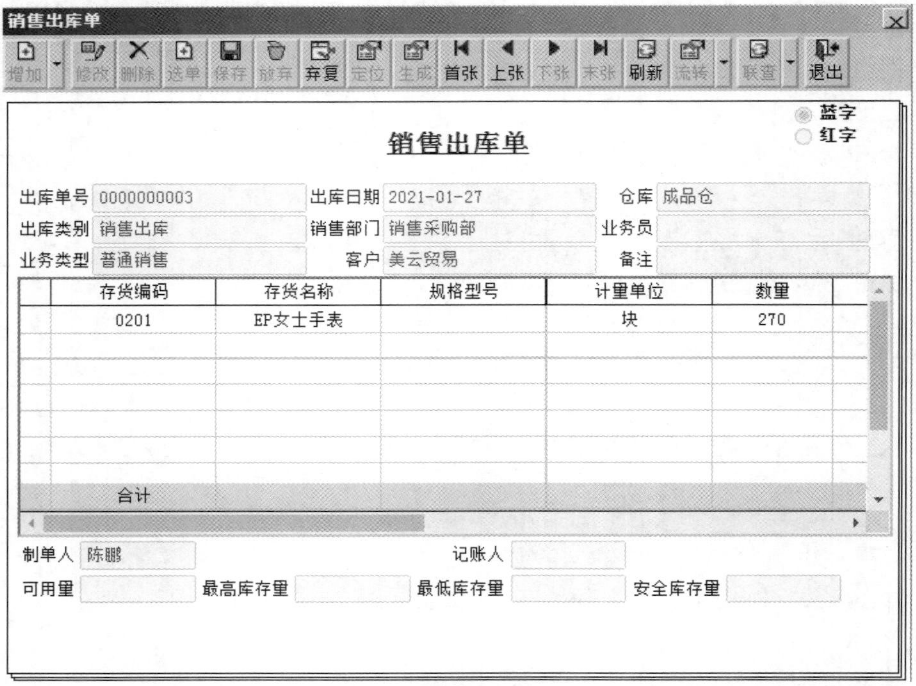

图7-150 销售出库单

(5) 执行"核算"→"凭证"→"客户往来制单"命令，进入"客户制单查询"窗口，勾选"发票制单"和"应收单制单"复选框，单击"确定"按钮，如图 7-151 所示。

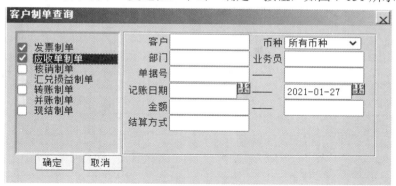

图7-151　客户制单查询

(6) 进入"客户往来制单"窗口，选择需要制单的目录，单击"合并"按钮，如图 7-152 所示，再单击"制单"按钮。

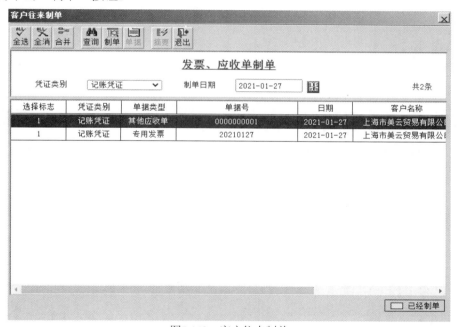

图7-152　客户往来制单

(7) 根据生成凭证修改科目，确认无误后，单击"保存"按钮即可，如图 7-153 所示。

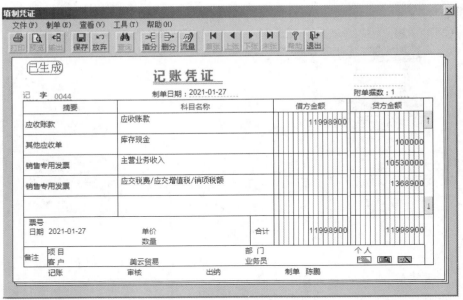

图7-153　销售发票、应收单制单

业务七:

(1) 执行"销售"→"客户往来"→"收款结算"命令,进入"收款结算"窗口,录入客户"上海市美云贸易有限公司",单击"增加"按钮。

(2) 根据题目已知信息分别录入结算方式、金额、票据号,录入完毕单击"保存"按钮,如图 7-154 所示。

图7-154　填制收款单

(3) 单击"核销"按钮,在第一行"本次折扣"栏中录入"2 379.78",在第二行"本次结算"栏中录入"1 000",单击"保存"按钮,如图 7-155 所示。

图7-155 核销

(4) 执行"核算"→"凭证"→"客户往来制单"命令,进入"客户制单查询"窗口,勾选"核销制单"复选框,单击"确定"按钮。

(5) 进入"客户往来制单"窗口,选择需要制单的目录,单击"制单"按钮。

(6) 进入"填制凭证"窗口,确认无误后,单击"保存"按钮即可,如图 7-156 所示。

图7-156 核销制单

活动二　销售特殊业务

【实训准备】

购销存模块的销售特殊业务包括代垫费用、销售退货业务、转账处理等。

一、代垫费用

在销售业务中，有的企业随货物销售有代垫费用的发生，如代垫运费、保险费等。代垫费用属于应向客户收取的费用项目，都需计入应收款项进行核算。

二、销售退货业务

当出现产品质量不合格等情况，企业可能发生退货业务，针对退货业务系统设计了相应的红字增值税专用发票、退货单等单据。

三、转账处理

在实际工作中往来单位之间有可能互为供应单位，往来款项业务十分复杂。双方单位之间经常出现既有应收账款又有预收账款、既有应收账款又有应付账款的情况，因此，在实际工作中可以根据不同情况将预收账款冲抵应收账款，以应付账款冲抵应收账款等。转账处理功能即是完成往来业务相互冲抵操作的功能。

【实训任务】

请对以下销售特殊业务进行处理。

业务一：
2021 年 1 月 29 日，22 日向香港时间廊钟表有限公司销售的 EP 女士手表因产品质量问题被退回 100 块，不含税单价为 400 元，并开具红字增值税专用发票(发票号：20210129)。

业务二：
2021 年 1 月 30 日，26 日销售的 EP 男士手表有瑕疵，但不影响其正常使用，现给予北京大华贸易有限公司折让 5%，并开具红字专用发票(发票号：20210130)，当日开出支票支付货款(支票号：20210130)。

【实训指导】

业务一：
(1) 执行"销售"→"销售发票"命令，进入"销售发票"窗口，单击"增加"按钮右侧的下拉箭头，选择"专用发票(红字)"，系统自动弹出"信息"对话框，单击"确定"按钮。

(2) 根据题目已知信息分别录入发票号、销售类型、客户名称、销售部门、仓库、货物名称、数量、无税单价，录入完毕单击"保存"按钮，如图 7-157 和图 7-158 所示。确认无误后，单击"复核"按钮。

图7-157　销售专用发票(1/2)

图7-158　销售专用发票(2/2)

(3) 执行"库存"→"销售出库单生成/审核"命令，进入"销售出库单"窗口，确认无误后，单击"复核"按钮，如图 7-159 所示。

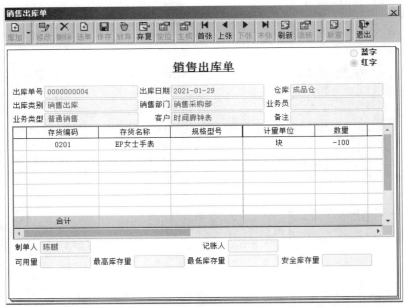

图7-159 销售出库单审核

(4) 执行"核算"→"凭证"→"客户往来制单"命令，进入"客户制单查询"窗口，勾选"发票制单"复选框，单击"确定"按钮。

(5) 进入"客户往来制单"窗口，选择需要制单的目录，单击"制单"按钮。

(6) 进入"填制凭证"窗口，确认无误后，单击"保存"按钮即可，如图 7-160 所示。

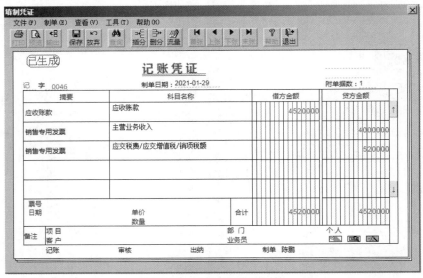

图7-160 销售专用发票制单

业务二：

(1) 执行"销售"→"销售发票"命令，进入"销售发票"窗口，单击"增加"按钮右侧的下拉箭头，选择"专用发票(红字)"，系统自动弹出"信息"对话框，单击"确定"按钮。

(2) 根据题目已知信息分别录入发票号、销售类型、客户名称、销售部门、仓库、货物名称，无税金额。根据 25 日，销售数量 800，不含税单价为 400 元，折让 5%，计算出销售折让的金额，在"退补标志"栏中选择"退补"即可，录入完毕单击"保存"按钮，如图 7-161 和图 7-162 所示。

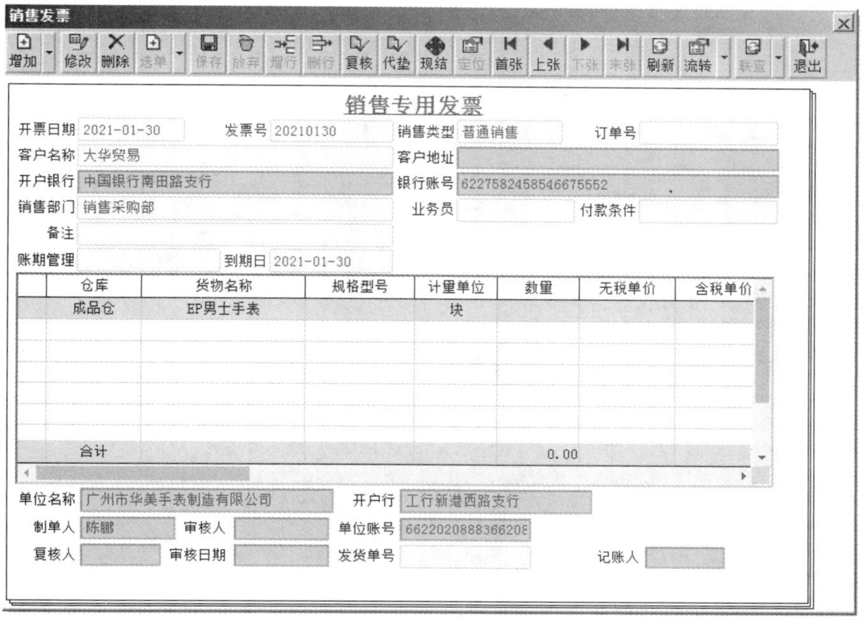

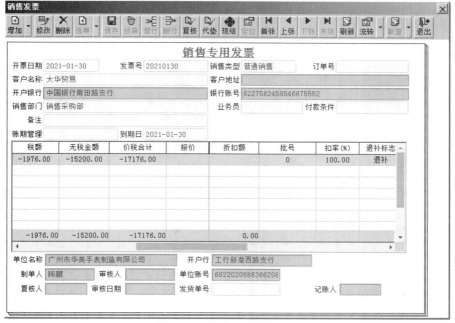

图7-161　销售专用发票(1/2)

图7-162　销售专用发票(2/2)

(3) 单击"现结"按钮，进入"销售现结"窗口，根据题目已知信息分别录入结算方式、结算金额、票据号，录入完毕单击"确定"按钮，如图 7-163 所示。

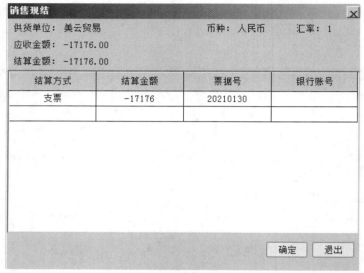

图7-163　销售现结

(4) 确认无误后，单击"复核"按钮，如图 7-164 所示。

图7-164　复核销售发票

(5) 执行"核算"→"凭证"→"客户往来制单"命令，进入"客户制单查询"窗口，勾选"现结制单"复选框，单击"确定"按钮。

(6) 进入"客户往来制单"窗口，选择需要制单的目录，单击"制单"按钮。

(7) 进入"填制凭证"窗口，确认无误后，单击"保存"按钮即可，如图 7-165 所示。

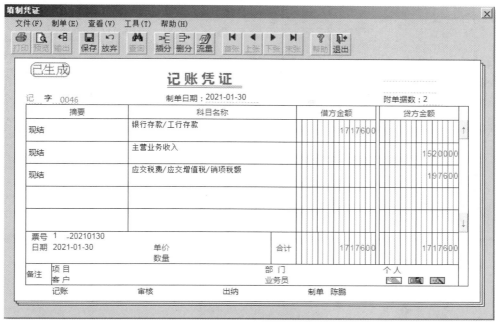

图7-165　现结制单

任务四　库存模块业务处理

活动一　入库业务

【实训准备】

入库业务处理主要是对各种入库业务进行单据的填制及审核，其中包括采购入库单、产成品入库单和其他入库单。其他入库单主要是指调拨入库、盘盈入库等业务形成的入库单，其他入库单一般由系统根据其他业务单据自动生成，也可手工填制。

【实训任务】

以会计员 102 身份登录信息门户，并对以下库存模块入库业务进行处理。

业务一：
2021 年 1 月 30 日，EP 女士手表入成品仓 450 块。

业务二：
2021 年 1 月 30 日，EP 男士手表入成品仓 240 块。

【实训指导】

业务一：

执行"库存"→"产成品入库单"命令，进入"产成品入库单"窗口，单击"增加"按钮，根据题目已知信息分别录入入库类别、仓库、部门、产品编码、数量，录入完毕单击"保存"按钮，如图 7-166 所示。确认无误后，单击"审核"按钮即可。

图7-166　产成品入库单(EP女士手表)

业务二：

执行"库存"→"产成品入库单"命令，进入"产成品入库单"窗口，单击"增加"按钮，根据题目已知信息分别录入入库类别、仓库、部门、产品编码、数量，录入完毕单击"保存"按钮，如图 7-167 所示。确认无误后，单击"审核"按钮即可。

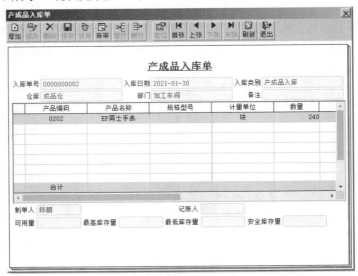

图7-167　产成品入库单(EP男士手表)

活动二　出库业务

【实训准备】

出库业务处理主要是对各种出库业务进行单据的填制及审核，其中包括销售出库单、材料出库单和其他出库单。其他出库单主要是指调拨出库、盘亏出库等业务形成的出库单，其他出库单一般由系统根据其他业务单据自动生成，也可手工填制。

【实训任务】

以会计员 102 身份登录信息门户，并对以下库存模块出库业务进行处理。

业务一：

2021 年 1 月 30 日，加工车间领用表壳 200 个、机芯 100 个、金属表带 100 个用于生成 EP 女士手表。

业务二：

2021 年 1 月 30 日，加工车间领用表壳 300 个、机芯 100 个、金属表带 300 个用于生产 EP 男士手表。

【实训指导】

业务一：

执行"库存"→"材料出库单"命令，进入"材料出库单"窗口，单击"增加"按钮，根据题目已知信息分别录入仓库、部门、出库类别、材料编码、数量，录入完毕单击"保存"按钮，如图 7-168 所示。确认无误后，单击"审核"按钮即可。

材料出库单

出库单号 0000000001　　　　　　　出库日期 2021-01-30
仓库 原料仓　　　部门 加工车间　　　出库类别 材料领用出库
备注

材料编码	材料名称	规格型号	计量单位	数量
0101	表壳		个	200
0102	机芯		个	100
0103	金属表带		个	100
合计				

制单人 陈鹏　　　　　　记账人
可用量　　　　最高库存量　　　　最低库存量　　　　安全库存量

图7-168　材料出库单(EP女士手表)

业务二：

执行"库存"→"材料出库单"命令，进入"材料出库单"窗口，单击"增加"按钮，根据题目已知信息分别录入仓库、部门、出库类别、材料编码、数量，录入完毕单击"保存"按钮，如图 7-169 所示。确认无误后，单击"审核"按钮即可。

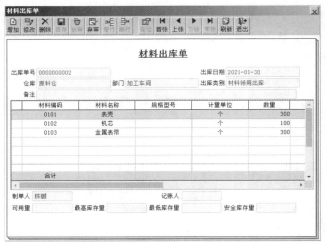

图7-169　材料出库单(EP男士手表)

活动三　其他业务

【实训准备】

购销存模块的库存管理系统的其他业务指的是除采购、销售、生产、领料以外的其他所有库存出入库业务，主要包括盘点调拨等业务。

库存管理系统提供了盘点单用来定期对仓库中的存货进行盘点，既可以按仓库进行盘点，也可以对各仓库中的全部或部分存货进行盘点，根据盘盈、盘亏的结果系统可自动生成其他出入库单。

【实训任务】

以会计员 102 身份登录信息门户，并对以下库存其他业务进行处理。

2021 年 1 月 31 日，对原料仓进行盘点，库存表壳 925 个，机芯 1 323 个，金属表壳 965 个。

【实训指导】

(1) 执行"库存"→"库存其他业务"→"库存盘点"命令，进入"盘点单"窗口，单击"增加"按钮，根据题目已知信息分别录入盘点仓库、部门、入库类别、出库类别、盘点日期，如图 7-170 所示。

图7-170 录入盘点单

(2) 单击"盘库"按钮,系统弹出"确认"对话框,单击"确定"按钮。

(3) 根据题目已知信息分别录入盘点数量,如图 7-171 所示。

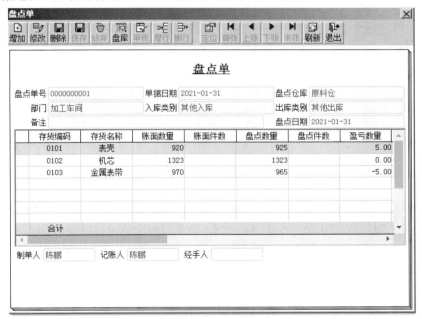

图7-171 录入盘点数量

(4) 单击"保存"按钮,再单击"审核"按钮。

(5) 执行"库存"→"其他入库单"命令,进入"其他入库单"窗口,确认无误后,单击"审核"按钮,如图 7-172 所示。

图7-172   审核其他入库单

(6) 执行"库存"→"其他出库单"命令，进入"其他出库单"窗口，确认无误后，单击"审核"按钮，如图 7-173 所示。

图7-173   审核其他出库单

(7) 执行"核算"→"核算"→"正常单据记账"命令，进入"正常单据记账条件"窗口，单击"确定"按钮。

(8) 进入"正常单据记账"窗口，选择需要记账的目录，单击"记账"按钮。

(9) 执行"核算"→"凭证"→"购销单据制单"命令，进入"生成凭证"窗口，单击"选择"按钮,进入"查询条件"窗口,勾选"其他入库单"和"其他出库单"复选框,单击"确定"按钮,如图 7-174 所示。

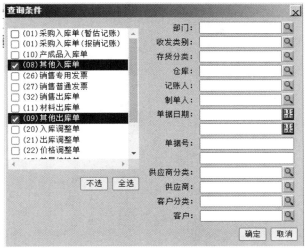

图7-174 查询条件

(10) 进入"选择单据"窗口,选择需要制单的目录,单击"确定"按钮。

(11) 进入"生成凭证"窗口,将凭证的相关信息补充完整,单击"生成"按钮,如图 7-175 所示。

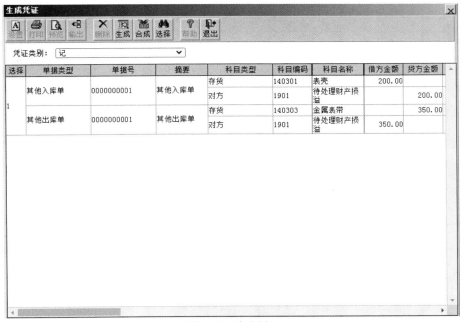

图7-175 生成凭证

(12) 进入"填制凭证"窗口,确认无误后,单击"保存"按钮即可,如图 7-176 和图 7-177 所示。

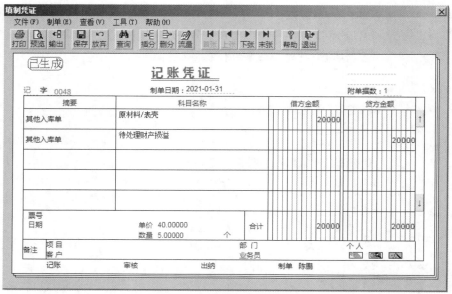

图7-176　其他入库单制单

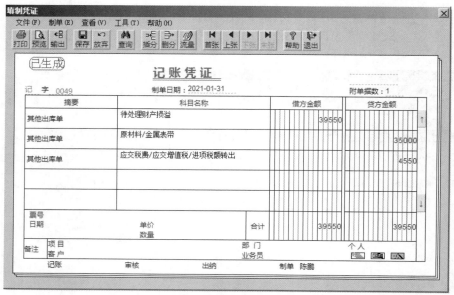

图7-177　其他出库单制单

任务五　核算模块业务处理

【实训准备】

核算模块大部分处理已经在采购模块、销售模块业务中同步完成，这里主要对材料出库单进行记账。

【实训任务】

以会计员 102 身份登录信息门户，并完成核算业务单据(材料出库单)记账处理。

【实训指导】

(1) 执行"核算"→"核算"→"正常单据记账"命令，进入"正常单据记账条件"窗口，单击"确定"按钮。

(2) 进入"正常单据记账"窗口，勾选"材料领用出库"复选框，单击"记账"按钮即可。

▨ 任务六　购销存模块期末处理

【实训准备】

一、采购模块月末结账

采购模块的月末结账是逐月将每月的单据数据封存，并将当月的采购数据记入有关账表中。采购子系统不允许跨月结账，月末结账后，该月的单据将不能被修改、删除。进行采购子系统月末处理后，才能进行库存子系统、核算子系统的月末处理。

二、销售模块月末结账

销售模块包含了销售核算的功能，因此销售模块的结账每月进行一次，一般在当前的会计期间终了时进行。结账后本月不能再进行发货、开票、代垫费用等业务的增、删、改、审等处理。如果某月的月末结账有错误，可以取消月末结账。销售模块月末结账应注意以下几点。

(1) 上月未结账，本月不能结账。但仍可以增、改、审单据，不影响日常业务处理。

(2) 当本月还有未审核或未复核的单据时，结账时系统会提示尚有哪些单据未审核或未复核，用户可以选择继续结账或取消结账，存在未审核的单据系统仍支持月度结账；但年底结账时，所有单据必须经审核后才能结账。

(3) 已结账月份不能再录入单据。

(4) 当与库存模块、存货核算模块联合使用时，销售模块的月末结账应先于这些模块的月末结账，这些模块月末结账后，销售模块不能取消月末结账。

三、库存模块月末结账

库存模块的月末结账是指将当月的出入库单据按月封存，并将当月的出入库数据记入有关账表中。月末结账前应检查是否有本期未审核的盘点单、本会计月工作是否已部完成。只有在当前会计月所有工作全部完成的前提下，才能进行月末结账，否则会遗漏某些业务。

库存模块月末结账时要注意的是，必须在采购和销售模块结账后，库存模块才能进行结账。

四、成本核算

在月末时，需要对本月产品成本进行核算，包括材料领用成本、产成品入库成本、销售成本结转。

五、核算模块月末结账

当购销存所有业务完成后，才能进行核算模块月末结账。

【实训任务】

业务一：2021 年 1 月 31 日，本月 13 日采购的表壳暂未收到发票，暂估单价为 45 元，暂估制单即可。

业务二：2021 年 1 月 31 日，采购、销售、库存模块月末结账

业务三：2021 年 1 月 31 日，完成原料仓月末处理操作。

业务四：2021 年 1 月 31 日，完成材料出库单制单操作。

业务五：2021 年 1 月 31 日，根据表 7-17 和表 7-18，完成制造费用按投产量分配。EP 女士手表入库总成本 129 001.88 元，EP 男士手表入库总成本 73 850.13 元。

表7-17 制造费用分配表

产品名称	工时	制造费用
EP 女士手表	400	19 329.52
EP 男士手表	600	28 994.26
合计	1 000	48 323.78

表7-18 完工产品成本分配表

产品名称	EP 女士手表	EP男士手表
直接材料	98 443.24	35 914.17
直接人工	13 503.18	13 774.08
制造费用	17 055.46	24 161.88
合计	129 001.88	73 850.13

业务六：2021 年 1 月 31 日，完成成品仓记账操作。

业务七：2021 年 1 月 31 日，完成成品仓月末处理操作。

业务八：2021 年 1 月 31 日，完成销售出库单制单操作。

业务九：2021 年 1 月 31 日，核算模块月末结账。

【实训指导】

业务一：

(1) 执行"采购"→"采购入库单"命令，进入"采购入库单"窗口，单击"修改"按钮，录入单价"45"，单击"保存"按钮，如图 7-178 所示。

图7-178 采购入库单

(2) 执行"库存"→"采购入库单审核"命令，进入"采购入库单审核"窗口，确认无误后，单击"复核"按钮，如图 7-179 所示。

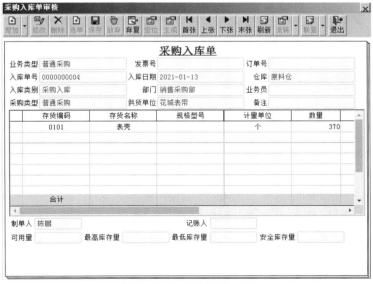

图7-179 采购入库单审核

(3) 执行"核算"→"核算"→"正常单据记账"命令,进入"正常单据记账条件"窗口,单击"确定"按钮。

(4) 进入"正常单据记账"窗口,选择需要记账的目录,单击"记账"按钮。

(5) 执行"核算"→"凭证"→"购销单据制单"命令,进入"生成凭证"窗口,单击"选择"按钮,勾选"采购入库单(暂估记账)"复选框,单击"确定"按钮。

(6) 进入"选择单据"窗口,选择需要制单的目录,单击"确定"按钮。

(7) 进入"生成凭证"窗口,确认无误后,单击"生成"按钮。

(8) 进入"填制凭证"窗口,确认无误后,单击"保存"按钮即可,如图 7-180 所示。

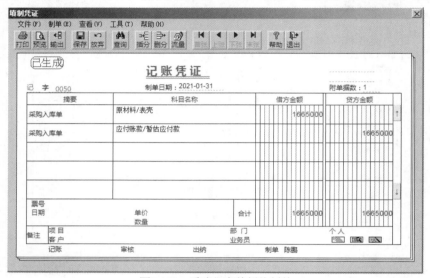

图7-180　采购入库单暂估制单

业务二:

(1) 执行"采购"→"月末结账"命令,进入"月末结账"窗口,单击需要结账的月份,再单击"结账"按钮。

(2) 执行"销售"→"月末结账"命令,进入"月末结账"窗口,单击"结账"按钮。

(3) 执行"库存"→"月末结账"命令,进入"月末结账"窗口,单击"结账"按钮。

业务三:

(1) 执行"核算"→"月末处理"命令,进入"月末处理"窗口,勾选"原料仓"复选框,单击"确定"按钮。

(2) 系统弹出"提示"对话框,单击"确定"按钮,进入"成本计算表"窗口,单击"确定"按钮即可完成月末处理操作。

业务四:

(1) 执行"核算"→"凭证"→"购销单据制单"命令,进入"生成凭证"窗口,单击"选择"按钮,进入"查询条件"窗口,勾选"材料出库单"复选框,单击"确定"按钮。

(2) 进入"选择单据"窗口，选择需要制单的目录，单击"确定"按钮。

(3) 进入"填制凭证"窗口，确认无误后，单击"保存"按钮即可，如图 7-181 所示。

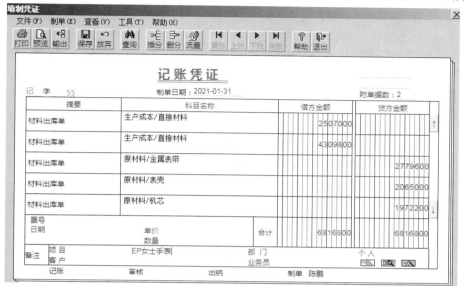

图7-181 材料出库单制单

业务五：

(1) 执行"总账"→"凭证"→"填制凭证"命令，进入"填制凭证"窗口，单击"增加"按钮，根据表 7-17 手工录入凭证，单击"保存"按钮，如图 7-182 所示。

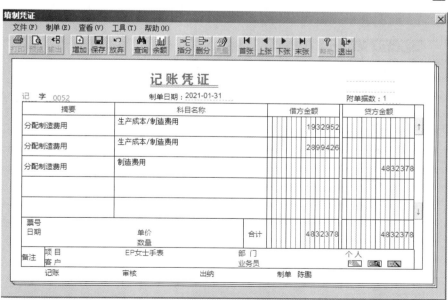

图7-182 填制分配制造费用凭证

(2) 执行"核算"→"核算"→"产成品成本分配"命令，进入"产成品成本分配表"窗口，单击"查询"按钮，进入"产成品成本分配-查询"窗口，单击"确定"按钮。

（3）进入"需要分配的产成品单据选择"窗口，选择需要分配的单据，单击"确定"按钮。

（4）进入"产成品成本分配表"窗口，根据表 7-18 完成金额录入，单击"分配"按钮，如图 7-183 所示。

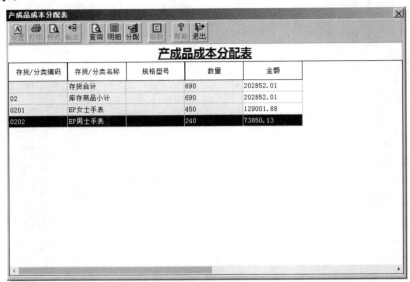

图7-183　产成品成本分配表录入

（5）执行"核算"→"核算"→"正常单据记账"命令，进入"正常单据记账条件"窗口，单击"确定"按钮。

（6）进入"正常单据记账"窗口，选择需要记账的目录，单击"记账"按钮，如图 7-184 所示。

图7-184　正常单据记账

（7）执行"核算"→"凭证"→"购销单据制单"命令，进入"生成凭证"窗口，单击"选择"按钮，进入"查询条件"窗口，勾选"产成品入库单"复选框，单击"确定"按钮。

(8) 进入"选择单据"窗口，选择需要制单的目录，单击"确定"按钮。

(9) 单击"合成"按钮，进入"填制凭证"窗口，确认无误后，单击"保存"按钮即可，注意项目辅助项，分别录入"EP 女士手表"和"EP 男士手表"，如图 7-185 所示。

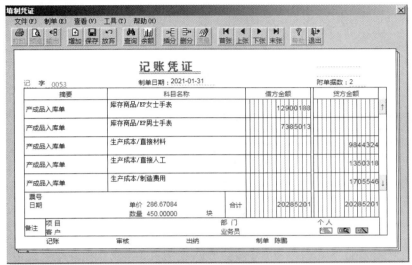

图7-185　产成品入库单制单

业务六：

(1) 执行"核算"→"核算"→"正常单据记账"命令，进入"正常单据记账条件"窗口，单击"确定"按钮。

(2) 进入"正常单据记账"窗口，选择需要记账的目录，单击"记账"按钮即可。

业务七：

(1) 执行"核算"→"月末处理"命令，进入"月末处理"窗口，选择需要期末处理的仓库，单击"确定"按钮，如图 7-186 所示。

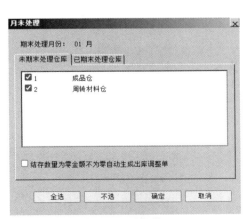

图7-186　月末处理

（2）系统弹出"提示"对话框，单击"确定"按钮，进入"成本计算表"窗口，单击"确定"按钮即可完成月末处理操作。

业务八：

（1）执行"核算"→"凭证"→"购销单据制单"命令，进入"生成凭证"窗口，单击"选择"按钮，进入"查询条件"窗口，勾选"销售出库单"复选框，单击"确定"按钮。

（2）进入"选择单据"窗口，选择需要制单的目录，单击"确定"按钮。

（3）进入"填制凭证"窗口，确认无误后，单击"保存"按钮即可，如图 7-187 所示。

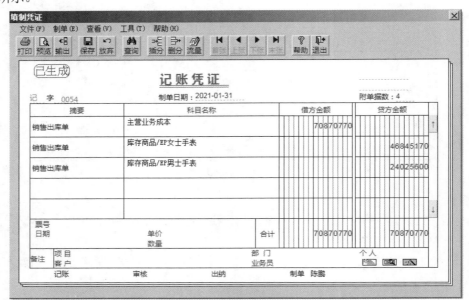

图7-187　销售出库单制单

业务九：

执行"核算"→"月末结账"命令，进入"月末结账"窗口，单击"确定"按钮即可，如图 7-188 所示。

图7-188　月末结账

✺ 巩固练习 ✺

░ 任务一　购销存模块初始化

一、单选题

1. (　　)系统是购销存系统与财务系统联系的桥梁，各种存货的购进、销售及其他出入库业务，均在核算系统中生成凭证并传递到总账系统中。

　　A. 采购　　　　　B. 销售　　　　　C. 核算　　　　　D. 库存

2. 采购发票上开具的运输费、包装费等采购费用及开具在销售发票或发货单上的应税劳务、非应税劳务等，应设置(　　)存货属性。

　　A. 外购　　　　　B. 销售　　　　　C. 存货　　　　　D. 劳务费用

3. 在暂估处理方式中，等到发票报销处理时系统生成红字回冲单，并生成蓝字报销单的处理方式是(　　)。

　　A. 月初回冲　　B. 单到补差　　C. 月末回冲　　D. 单到回冲

4. 存货对方科目是设置生成凭证所需要的存货对方科目，可以按(　　)进行设置。

　　A. 收发类别　　B. 存货属性　　C. 存货科目　　D. 存货分类

二、多选题

1. 购销存模块包括(　　)子模块。

　　A. 采购　　　　　B. 销售　　　　　C. 库存　　　　　D. 核算　　　　E. 应收应付

2. 对存货的暂估处理，系统提供了(　　)方式。

　　A. 月初回冲　　B. 单到补差　　C. 月末回冲　　D. 单到回冲

3. 购销存模块中，(　　)需要进行期初记账。

　　A. 采购　　　　　B. 库存　　　　　C. 核算　　　　　D. 销售

4. 在存货档案设置中，可以设置的存货属性有(　　)。

　　A. 销售　　　　　B. 外购　　　　　C. 生产耗用　　　　D. 自制

　　E. 在制　　　　　F. 劳务费用

5. 采购业务的期初余额主要包括(　　)。

　　A. 期初暂估入库业务　　　　　　B. 期初在途业务两种

　　C. 库存期初业务　　　　　　　　D. 存货期初业务

三、判断题

1. 存货期初余额既可以在库存系统中录入，也可以在核算系统中录入，确保库存系统(或核算系统)与总账系统数据一致。　　　　　　　　　　　　　　　　(　　)

2. 采购期初记账后才能进行日常采购业务处理，期初记账以后不允许再输入期初数据。

　　　　　　　　　　　　　　　　　　　　　　　　　　　　　　(　　)

3. 采购管理子系统如果没有期初数据，就不用执行期初记账。　　　　　（　　）

4. 供应商往来科目中设置的应付、预付科目必须是应付系统的受控科目。　　（　　）

5. 为了鼓励客户在信用期间内提前付款，企业经常会采用现金折扣政策。选择显示现金折扣，系统会在"单据结算"中显示"可享受折扣"和"本次折扣"，并计算可享受的折扣。（　　）

任务二　采购模块业务处理

一、单选题

1. 在应付款管理与采购管理系统中，与采购有关的票据均应从（　　）中输入，核算管理系统可以与之共享这些数据。

　　A. 账务处理系统　　B. 采购管理系统　　C. 库存管理系统　　　　D. 核算管理系统

2. 采购管理系统处理的票据中不包含（　　）。

　　A. 采购发票　　　　B. 付款单　　　　C. 应付单　　　　　　D. 收款单

3. 如果在采购管理系统中核算供应商往来款项，则所有的供应商往来凭证全部由（　　）生成，其他系统不再生成这类凭证。

　　A. 核算系统　　　　B. 销售管理系统　　C. 采购管理系统　　　D. 应付款管理系统

4. 在采购发票上开具的运输费存货除了设置外购属性外，还应设置（　　）属性。

　　A. 生产耗用　　　　B. 劳务费用　　　　C. 销售　　　　　　　D. 自制

5. 单货同到业务，生成凭证时，在核算管理系统选择（　　）。

　　A. 供应商往来制单　B. 客户往来制单　　C. 购销单据制单　　　D. 发票制单

二、多选题

1. 采购结算方式包括（　　）。

　　A. 手动结算　　　　B. 自动结算　　　　C. 付款结算　　　　　D. 收款结算

2. 以下属于采购系统转账业务的是（　　）。

　　A. 应付冲应收　　　B. 应付冲应付　　　C. 预付冲应付　　　　D. 红票对冲

3. 采购发票的生成方式有（　　）。

　　A. 直接增加　　　　B. 采购订单流转　　C. 采购结算单流转　　D. 采购入库单流转

4. 采购业务的核销是付款单与（　　）之间的对应关系的操作。

　　A. 采购发票　　　　B. 应付单　　　　　C. 采购订单　　　　　D. 采购入库单

三、判断题

1. 采购核销时需要指明每一次付款是支付的哪几笔采购业务的款项。　　　（　　）

2. 采购入库单必须由采购订单生成。　　　　　　　　　　　　　　　　（　　）

3. 采购入库单的审核在采购管理系统中完成。　　　　　　　　　　　　（　　）

4. 付款核销时，如果支付的款项少于应付款，只能部分核销。　　　　　（　　）

5. 采购订单经过审核才能够在采购入库、采购发票环节被参照。　　　　（　　）

任务三　销售模块业务处理

一、单选题

1. 收回销售货款时应该填写相应的(　　)，在填写时注意收款对应哪一笔业务。
   A. 销售发票　　　　B. 收款单　　　　C. 采购合同　　　　D. 付款单
2. 如果企业会计和销售业务同时实现电算化，则与销售有关的票据均应在(　　)中输入。
   A. 账务处理系统　　B. 销售管理系统　C. 采购管理系统　D. 核算管理系统
3. 在销售业务中，为客户代垫的运费填写(　　)。
   A. 发票　　　　　　B. 支出单　　　　C. 代垫费用单　　　D. 付款单
4. 收款核销处理的结果将在(　　)系统中生成记账凭证并传递到总账系统。
   A. 核算　　　　　　B. 销售　　　　　C. 采购　　　　　　D. 库存
5. 向客户预收的款项，需要填写(　　)。
   A. 收款单　　　　　B. 预收单　　　　C. 应收单　　　　　D. 发票

二、多选题

1. 在销售管理系统中，可以根据(　　)生成记账凭证。
   A. 销售发票　　　　B. 收款单　　　　C. 销售订单　　　　D. 销售出库单
2. 销售发货单可以通过(　　)生成。
   A. 直接录入　　　　B. 销售发票　　　C. 销售订单　　　　D. 收款单
3. 销售发票按发票类型分为(　　)。
   A. 蓝字发票　　　　B. 红字发票　　　C. 销售专用发票　　D. 销售普通发票
4. 取消操作的类型包括(　　)等。
   A. 取消审核　　　　B. 取消核销　　　C. 取消转账　　　　D. 取消并账　　E. 删除凭证
5. 销售发票的生成方式有(　　)。
   A. 直接填制　　　　B. 参照销售订单　C. 参照发货单　　　D. 参照销售出库单

三、判断题

1. 销售管理模块不需要期初记账就可以进行日常业务处理。　　　　　　　　　(　　)
2. 代垫费用属于应向客户收取的费用项目，不需要通过应收款项进行核算。　　(　　)
3. 销售业务如果有折扣，折扣金额应冲减财务费用。　　　　　　　　　　　　(　　)
4. 开票直接发货模式是参照销售订单生成发货单，而不是根据销售发票生成发货单。
   　　　　　　　　　　　　　　　　　　　　　　　　　　　　　　　　　(　　)
5. 销售现结业务直接根据发票制单可生成记账凭证。　　　　　　　　　　　　(　　)

任务四　库存模块业务处理

一、单选题

1. 库存盘点业务出现了盘亏，会自动生成(　　)。
 　A. 其他入库单　　　B. 其他出库单　　　C. 销售出库单　　　D. 材料出库单
2. 采购材料入库单要进入下一个流程必须要经过审核，采购入库单审核在(　　)系统中完成。
 　A. 采购管理　　　　B. 销售管理　　　　C. 核算管理　　　　　D. 库存管理
3. 销售管理系统要查询可供销售的产品数量，可在(　　)系统查询。
 　A. 采购管理　　　　B. 销售管理　　　　C. 库存管理　　　　　D. 核算管理

二、多选题

1. 入库业务处理主要是对各种入库业务进行单据的填制及审核，主要包括(　　)。
 　A. 采购入库单　　　B. 产成品入库单　C. 其他入库单　　　D. 产品成本分配表
2. 库存管理系统与(　　)系统存在数据关联。
 　A. 采购管理　　　　B. 销售管理　　　　C. 核算管理　　　　　D. 总账账务处理
3. 在库存管理系统中，出库单据包括(　　)。
 　A. 销售出库单　　　B. 材料出库单　　　C. 产成品出库单　D. 其他出库单

三、判断题

1. 如果设置了零出库，当出库数量大于存货的结存数量时仍然可以出库。 (　　)
2. 如果选择库存模块生成销售出库单该选项，则销售发货单或销售发票在销售系统审核时自动生成销售出库单传到库存系统。 (　　)
3. 其他出库单一般由系统根据其他业务单据自动生成。 (　　)

任务五　核算模块业务处理

一、单选题

1. 在(　　)系统中，可以将各种出入库单据中涉及存货增减和价值变动的单据生成记账凭证传递到总账管理子系统。
 　A. 采购管理　　　　B. 销售管理　　　　C. 核算管理　　　　　D. 库存管理
2. 月末要进行产品成本分配，需要在(　　)模块完成。
 　A. 采购管理　　　　B. 核算模块　　　　C. 库存模块　　　　　D. 销售模块
3. 以下不属于核算管理模块功能的是(　　)。
 　A. 正常单据记账　B. 购销单据制单　　C. 采购入库单审核　　D. 月末结账

二、多选题

1. 核算管理子系统对采购暂估业务提供了(　　)处理方式，一旦选择就不可修改。
   A. 月初回冲　　　　　B. 单到回冲　　　　C. 单到补差　　　　D. 月末回冲
2. 产成品入库及成本分配后，在核算模块生成凭证为(　　)。
   A. 借：生产成本　　B. 借：库存商品　C. 贷：库存商品　D. 贷：生产成本
3. 核算模块的制单处理包括(　　)。
   A. 供应商往来制单　B. 客户往来制单　C. 购销单据制单　D. 并账制单

三、判断题

1. 购销存模块的单据记账一般是在核算模块完成。　　　　　　　　　　　(　　)
2. 核算模块的其他入库单既可以自动生成也可以手工填制。　　　　　　　(　　)
3. 出入库调整单保存即记账，因此保存的单据不可修改、删除。　　　　　(　　)

任务六　购销存模块期末处理

一、单选题

1. 购销存系统及核算系统必须在(　　)结账前完成结账，否则总账无法完成结账。
   A. 工资模块　　　　　B. 固定资产模块　C. 总账模块　　　　D. 购销存模块
2. 采购业务到月末还没有收到采购发票，需要进行暂估制单，我们选择(　　)制单。
   A. 采购入库单(报销记账)　　　　　　B. 采购入库单(暂估记账)
   C. 其他入库单　　　　　　　　　　　D. 调整入库单
3. 在购销存系统中，月末一次加权平均法下结转销售成本必须先在(　　)模块进行月末处理。
   A. 采购管理　　　　B. 销售管理　　　　C. 库存管理　　　　D. 核算管理

二、多选题

1. 在购销存系统中，需要结账的模块有(　　)。
   A. 采购管理　　　　B. 销售管理　　　　C. 库存管理　　　　D. 核算管理
2. 期末，要使得核算系统能够顺利结账，先要保证(　　)模块结账。
   A. 总账　　　　　　B. 采购管理　　　　C. 销售管理　　　　D. 库存管理
3. 期末，购销存模块结账后发现错误可以取消结账。取消采购管理系统期末结账的前提是先取消(　　)的期末结账。
   A. 销售管理　　　　B. 库存管理　　　　C. 核算管理　　　　D. 总账系统

三、判断题

1. 购销存各模块月末结账的顺序没有要求。 （   ）
2. 已结账月份不能再录入单据。 （   ）
3. 必须在采购和销售模块结账后，库存模块才能进行结账。 （   ）

综合实训

【实训任务】

将一月所有凭证进行审核记账再进行期间结转损益。以账套主管身份进行总账系统结账，操作方法与模块四活动四操作方法一致。

【实训指导】

(1) 2 月 1 日，收到上月货款。进账单如图 8-1 所示。

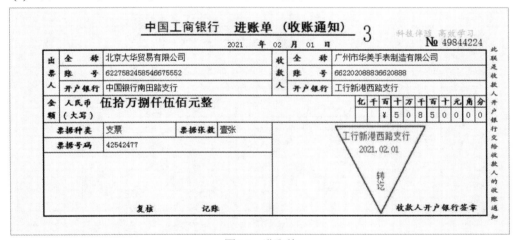

图8-1　进账单

(2) 2 月 4 日，购买办公用品(直接分配)。办公用品发票如图 8-2 所示。

(3) 2 月 6 日，总经理办公室刘明山出差借款。借支单如图 8-3 所示。

(4) 2 月 8 日，缴纳税费。缴税凭证如图 8-4 所示。

图8-2 办公用品发票

图8-3 借支单

图8-4 缴税凭证

(5) 2 月 9 日，采购材料，材料未入库，款项未付。采购发票如图 8-5 和图 8-6 所示。

图8-5 采购发票(抵扣联)

图8-6 采购发票(发票联)

(6) 2 月 10 日，收到采购材料。材料入库单如图 8-7 所示。

(7) 2 月 10 日，领用材料。领料单如图 8-8 所示。

(8) 2 月 12 日，销售商品，收到货款。销售发票如图 8-9 所示，进账单如图 8-10 所示。

材料入库单

发票号码：

供应单位：佛山市朗杰钟表配件制造有限公司　　　　　　收料单编号：001

材料类别：采购入库　　　　2021 年 02 月 10 日　　　　收料仓库：原料仓

编号	名称	规格	单位	数量 应收	数量 实收	实际成本 买价 单价	实际成本 买价 金额	运杂费	合计	单位成本
01	表壳		个	3000	3000		0.00		0.00	0.0000
02	机芯		个	3000	3000		0.00		0.00	0.0000
03	金属表带		个	3000	3000		0.00		0.00	0.0000
	合　计			9000	9000		¥0.00		¥0.00	¥0.0000
	备　注									

采购员：陈铁勇　　　　检验员：刘明山　　　　记账员：陈鹏　　　　保管员：刘明山

图8-7　材料入库单

领 料 单

领用部门：加工车间

仓库：生产EP女士手表　　　　2021 年 02 月 10 日　　　　编号：314

编号	类别	材料名称	规格	单位	数量 请领	数量 实发	实际成本 单价	实际成本 金额
0101	表壳			个	3500	3500		0.00
0102	机芯			个	3300	3300		0.00
0103	金属表带			个	3500	3500		0.00
					10300	10300		0.00
用　途				领料部门 负责人 / 领料人		发料部门 核准人 / 发料人		

（第三联 记账联）

图8-8　领料单

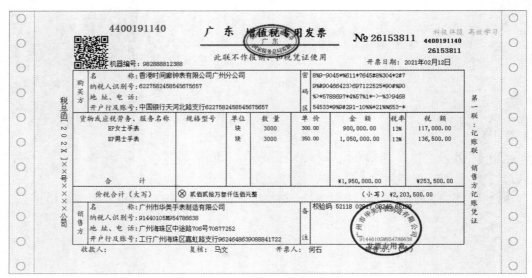

图8-9　销售发票(记账联)

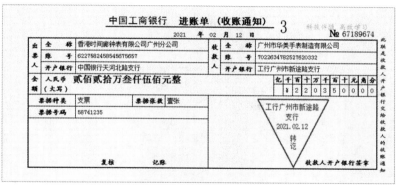

图8-10 进账单

(9) 2 月 15 日，购入生产线和小汽车，填制凭证，生产线和小汽车已投入使用。

● 购入生产线，相应票据如图8-11～图8-14所示。

图8-11 生产线发票(抵扣联)

图8-12 生产线发票(发票联)

中国工商银行
转账支票存根

10201120
59500664

×××印务有限公司·××年印制

附加信息

出票日期 2021 年 02 月 15 日

收款人：	广州市科技机械有限公司
金　额：	¥1,550,360.00
用　途：	支付设备款

单位主管 肖建军 会计 陈鹏

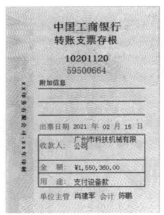

图8-13　支票(存根联)

固定资产验收单

2021 年 02 月 15 日　　　　编号：008

名称	规格型号		来源	数量	购（造）价	使用年限	预计残值
生产线3			外购	1	1,372,000.00	10	54,880.00
安装费	月折旧率		建造单位		交工日期	附件	
	0.8%		广州市科技机械有限公司		2021年02月15日		
验收部门	加工车间	验收人员	邓朴遥	管理部门	加工车间	管理人员	邓朴遥
备注							

审核：陈量一　　制单：陈鹏

图8-14　固定资产验收单

- 购入小汽车，相应票据如图8-15～图8-18所示。

4400191140

广东增值税专用发票

发票联

№ 66593386　4400191140　66593386

机器编号：982888812388　　开票日期：2021年02月15日

税总函[202X]××号××××公司

购买方	名　　称：广州市华美手表制造有限公司 纳税人识别号：91440101M604586233 地 址、电 话：广州市兴帅路556号45857213 开户行及账号：工行广州市新途路支行7022634782527620332
密码区	91#17%-36>#3*2-*2%56%40*64*0 0763%6--659->84>6*4*9472>679 6-0501-860785*%6>2276306*7*3 #4974%-36>530632*5004379397#

货物或应税劳务、服务名称	规格型号	单位	数量	单价	金额	税率	税额
小汽车			1	328,160.00	328,160.00	13%	42,660.80
合　计					¥328,160.00		¥42,660.80
价税合计（大写）	⊗叁拾柒万零捌佰贰拾元捌角整				（小写）¥370,820.80		

销售方	名　　称：广州东风日产公司 纳税人识别号： 地 址、电 话： 开户行及账号：
备注	校验码 52118 02818 08248 65195

收款人：　　复核：　　开票人：　　销售方：（章）

第三联：发票联　购买方记账凭证

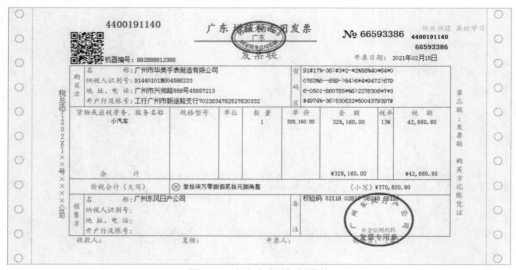

图8-15　小汽车发票(发票联)

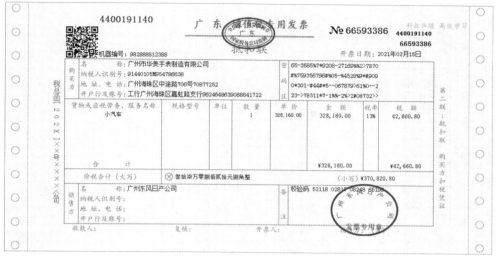

4400191140　　广东增值税专用发票　　№ 66593386　　4400191140 66593386

抵扣联

机器编号：982888812388　　开票日期：2021年02月15日

购买方	名　　称：广州市华美手表制造有限公司 纳税人识别号：91440105M954786638 地 址、电 话：广州海珠区中途路706号70877252 开户行及账号：工行广州海珠区嘉虹路支行96246486390888841722	密码区	65-3585%7*9208-27169%%2>7870 #%759356796#%05-%4528%9*#909 0*301-#44#*5--067879>61%0--2 23->78311*7-1%%-2%>2#08732>>

货物或应税劳务、服务名称	规格型号	单位	数量	单价	金额	税率	税额
小汽车			1	328,160.00	328,160.00	13%	42,660.80
合　计					¥328,160.00		¥42,660.80
价税合计（大写）	⊗叁拾柒万零捌佰贰拾元捌角整				（小写）¥370,820.80		

销售方	名　　称：广州东风日产公司 纳税人识别号： 地 址、电 话： 开户行及账号：	备注	校验码 52118 02817 08248 65199

收款人：　　复核：　　开票人：　　销售方：（章）

税总函[202X]××号××××公司

第二联：抵扣联　购买方扣税凭证

科技伴随 高效学习

图8-16　小汽车发票(抵扣联)

中国工商银行
转账支票存根

10201120
58616281

附加信息

出票日期 2021 年 02 月 15 日

收款人：广州东风日产公司

金　额：¥370,820.80

用　途：支付汽车款

单位主管 肖建军　会计 陈鹏

××印务有限公司·××年印制

图8-17　支票(存根联)

科技伴随 高效学习

固定资产验收单

2021 年 02 月 15 日　　编号：009

名称	规格型号	来源	数量	购（造）价	使用年限	预计残值
小汽车		外购	1	328,160.00	4	13,126.40
安装费	月折旧率	建造单位		交工日期	附件	
	2%	广州东风日产公司		2021年02月15日		
验收部门	销售采购部	验收人员	陈铁勇	管理部门	销售采购部	管理人员 陈铁勇
备注						

审核：陈量一　　制单：陈鹏

图8-18　固定资产验收单

(10) 2 月 16 日，发放工资。工资明细表如表 8-1 所示，工资发放支票如图 8-19 所示。

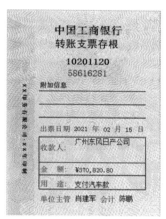

表8-1 工资明细表

人员编号	姓名	部门	基本工资	奖金	交通补贴	电话补贴	应发合计	养老保险	失业保险	医疗保险	住房公积金	应付工资	本月专项扣除	代扣税	实发合计
101	肖建军	总经理办公室	18 000	0	500	500	21 310.36	1 440	36	360	900	22 310.36	2 736	437.23	19 137.13
102	刘明山	总经理办公室	15 000	0	500	500	15 000	1 200	30	300	750	16 000	2 280	261.6	13 458.4
201	陈量一	财务部	7 000	0	100	100	7 000	560	14	140	350	7 200	1 064	34.08	6 101.92
202	陈鹏	财务部	5 000	0	100	0	5 000	400	10	100	250	5 100	760		4 340
203	何飞武	财务部	4 500	0	100	0	5 120.7	360	9	90	225	5 220.7	684		4 536.7
301	邓小昱	行政部	6 000	0	100	100	6 000	480	12	120	300	6 200	912	8.64	5 279.36
302	左咏枚	行政部	4 500	0	100	0	4 500	360	9	90	225	4 600	684		3 916
401	陈铁勇	销售采购部	3 000	17 744.1	200	200	3 827.58	240	6	60	150	21 971.68	456	495.47	21 020.21
…	…	…	…	…	…	…	…	…	…	…	…	…	…	…	…
合计			111 000	27 735	2 300	2 000	116 402.32	8 880	222	2 220	5 550	148 437.32	16 872	1 616.36	129 948.96

图8-19 支票(存根联)

(11) 2月16日，结转代扣款。

(12) 2月17日，采购材料，材料验收入库，运费和保险费由供应商代垫并支付货款(按数量分配费用、使用付款结算付款)。相应票据如图 8-20～图 8-27 所示。

图8-20 采购发票(抵扣联)

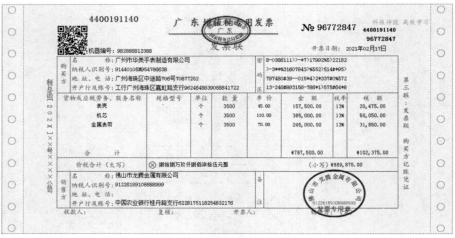

图8-21 采购发票(发票联)

图8-22 运费发票(发票联)

图8-23 运费发票(抵扣联)

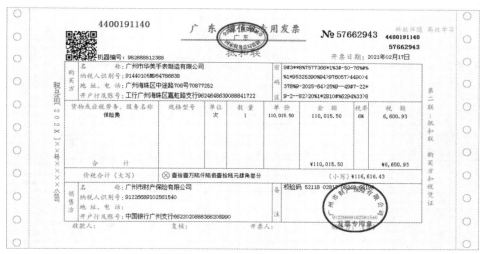

4400191140　　广东增值税专用发票　　№ 57662943　4400191140　57662943

发票联

机器编号：982888812388　　开票日期：2021年02月17日

税总函[202X]××号×××公司

购买方	名　　称：广州市华美手表制造有限公司 纳税人识别号：91440101M604586233 地 址、电 话：广州市兴帅路556号45857213 开户行及账号：工行广州市新途路支行7022634782527620332	密码区	*2%8-*1#46>426-8>32#91**63>4 8%2684124%-9707#6034#27>2239 25854>17410*%9011#5%*2*6-0>0 %**3001#56241285#97312739*26

货物或应税劳务、服务名称	规格型号	单位	数量	单价	金额	税率	税额
保险费		次	1	110,015.50	110,015.50	6%	6,600.93
合　计					¥110,015.50		¥6,600.93
价税合计（大写）	⊗壹拾壹万陆仟陆佰壹拾陆元肆角叁分				（小写）¥116,616.43		

销售方	名　　称：广州市财产保险有限公司 纳税人识别号：91226689102561540 地 址、电 话： 开户行及账号：中国银行广州支行6622020888366208990	备注	校验码 52118 02817 08248 65195

收款人：　　复核：　　开票人：　　销售方：（章）

第三联：发票联　购买方记账凭证

图8-24　保险发票(发票联)

4400191140　　广东增值税专用发票　　№ 57662943　4400191140　57662943

抵扣联

机器编号：982888812388　　开票日期：2021年02月17日

税总函[202X]××号×××公司

购买方	名　　称：广州市华美手表制造有限公司 纳税人识别号：91440105M954786638 地 址、电 话：广州海珠区中途路706号70877252 开户行及账号：工行广州海珠区嘉虹路支行9624648639088841722	密码区	9#3**8%7577366*1%3#-50-76%#% %1*95325390%94>976057>4490>4 378%9-2025-64>25%9--49#7-22* 9-2--82>20%1*2810#%6294%33>8

货物或应税劳务、服务名称	规格型号	单位	数量	单价	金额	税率	税额
保险费		次	1	110,015.50	110,015.50	6%	6,600.93
合　计					¥110,015.50		¥6,600.93
价税合计（大写）	⊗壹拾壹万陆仟陆佰壹拾陆元肆角叁分				（小写）¥116,616.43		

销售方	名　　称：广州市财产保险有限公司 纳税人识别号：91226689102561540 地 址、电 话： 开户行及账号：中国银行广州支行6622020888366208990	备注	校验码 52118 02817 08248 65195

收款人：　　复核：　　开票人：　　销售方：（章）

第二联：抵扣联　购买方扣税凭证

图8-25　保险发票(抵扣联)

材料入库单

发票号码：

供应单位：佛山市龙腾金属有限公司　　收料单编号：002

材料类别：采购入库　　2021 年 02 月 17 日　　收料仓库：原料仓

编号	名称	规格	单位	数量		实际成本				
				应收	实收	买价		运杂费	合计	单位成本
						单价	金额			
01	表壳		个	3500	3500		0.00		0.00	0.0000
02	机芯		个	3500	3500		0.00		0.00	0.0000
03	金属表带		个	3500	3500		0.00		0.00	0.0000
合　计				10500	10500		¥0.00		¥0.00	¥0.0000
备　注										

采购员：陈轶勇　　检验员：刘明山　　记账员：陈鹏　　保管员：刘明山

图8-26　材料入库单

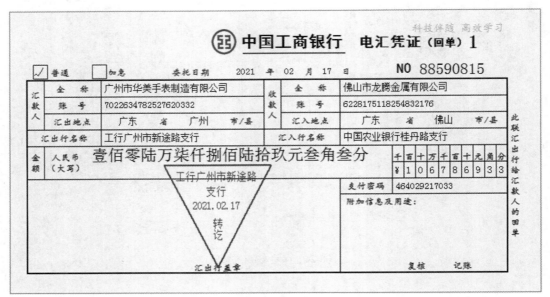

图8-27　电汇凭证

(13) 2 月 20 日，车间领用材料。领料单如图 8-28 所示。

领　料　单

科技伴随 高效学习

领用部门：加工车间

仓库：生产EP男士手表　　　　　2021 年 02 月 20 日　　　　　编号：047

编号	类别	材料名称	规格	单位	数量		实际成本	
					请领	实发	单价	金额
0101	表壳			个	3700	3700		0.00
0102	机芯			个	3500	3500		0.00
0103	金属表带			个	3700	3700		0.00
用途					领料部门		发料部门	
					负责人	领料人	核准人	发料人

图8-28　领料单

(14) 2 月 20 日，支付社会保险费。社会保险费电子转账凭证如图 8-29 所示。

社会保险费电子转账凭证

科技伴随 高效学习

凭证号：**92010328**

凭证提交号：**40812434**

2021 年 02 月 20 日

	全　称	广州市华美手表制造有限公司			全　称	广州市税务局
申请人	账　号	7022634782527620332		收款人	账　号	
	开户银行	工行广州市新途路支行			开户银行	
	行　号	009203384451			行　号	

金额	人民币（大写）　壹拾万柒仟叁佰贰拾肆元贰角伍分	亿	千	百	十	万	千	百	十	元	角	分
				¥	1	0	7	3	2	4	2	5

摘要	代扣号：					
	养老小计：	74,495.00	单位养老：	54,375.00	个人养老：	20,120.00
	失业小计：	2,678.00	单位失业：	2,175.00	个人失业：	503.00
	医疗小计：	26,780.00	单位医疗：	21,750.00	个人医疗：	5,030.00
	工伤小计：	2,283.75	单位工伤：	2,283.75		
	生育小计：	1,087.50	单位生育：	1,087.50		
	合计：	107,324.25	合计：	81,671.25	合计：	25,653.00

中国工商银行
收款人开户银行盖章
2021.02.20
业务受理专用章

转账时间：

备注

打印次数：

复核：　　　　　记账：

第二联　缴费单位记账凭证

图8-29　社会保险费电子转账凭证

(15) 2月20日，支付住房公积金。住房公积金汇缴书如图8-30所示，转账支票如图8-31所示。

图8-30　住房公积金汇缴书

中国工商银行
转账支票存根

10201120
53904505

附加信息

出票日期 2021 年 02 月 20 日

收款人:	广州市华美手表制造有限公司
金 额:	¥30,700.00
用 途:	缴纳公积金

单位主管 肖建军 会计 陈鹏

图8-31 支票(存根联)

(16) 2 月 21 日，销售商品(有现金折扣)。销售发票如图 8-32 所示。

4400191140 广 东 增值税专用发票 № 54025700 4400191140 54025700

机器编号：982888812388 此联不作报销、扣税凭证使用 开票日期：2021年02月21日

购买方	名　称：北京大华贸易有限公司 纳税人识别号：622758245854667555 2 地　址、电　话： 开户行及账号：中国银行南田路支行6227582458546675552				密码区	175*3*%0459448606%7902*->14% -394#452621%1>>7%852-8717#63 7#0289576741644%656908*-2%*9 16603*5#6#66%-#022813879-960		
货物或应税劳务、服务名称	规格型号	单位	数量	单价	金额	税率	税额	
EP女士手表		块	1000	300.00	300,000.00	13%	39,000.00	
EP男士手表		块	1000	325.00	325,000.00	13%	42,250.00	
合　计					¥625,000.00		¥81,250.00	
价税合计（大写）	⊗ 柒拾万陆仟贰佰伍拾元整				（小写）¥706,250.00			
销售方	名　称：广州市华美手表制造有限公司 纳税人识别号：91440105M954786638 地　址、电　话：广州海珠区中途路706号70877252 开户行及账号：工行广州海珠区嘉虹路支行96246486390888841722				备注	校验码 52118 02917 08248 65199		

收款人：　复核：马文　开票人：何石　销售方：（章）

第一联：记账联 销售方记账凭证

税总函[202X]××号×××公司

图8-32 销售发票(记账联)

(17) 2 月 22 日，采购材料，材料验收入库，发票未到。材料入库单如图 8-33 所示。

材料入库单

发票号码：

供应单位：广州花城表带制造有限公司　　收料单编号：003

材料类别：采购入库　2021 年 02 月 22 日　　收料仓库：原料仓

编号	名称	规格	单位	数量		实际成本				
				应收	实收	买价		运杂费	合计	单位成本
						单价	金额			
01	表壳		个	2000	2000	40.00	80,000.00		80,000.00	40.0000
02	机芯		个	2400	2400	100.00	240,000.00		240,000.00	100.0000
03	金属表带		个	2000	2000	65.00	130,000.00		130,000.00	65.0000
合　计				6400	6400		¥450,000.00		¥450,000.00	¥70.3125
备　注										

采购员：陈铁勇　检验员：刘明山　记账员：陈鹏　保管员：刘明山

图8-33 材料入库单

(18) 2 月 23 日，支付货款。转账支票如图 8-34 所示。

图8-34 支票(存根联)

(19) 2 月 25 日，收到货款。进账单如图 8-35 所示。

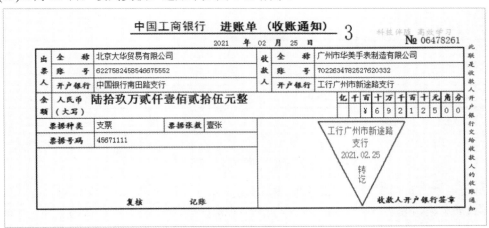

图8-35 进账单

(20) 2 月 28 日，计提折旧。

(21) 2 月 28 日，结转发出材料成本。发出材料成本计算表和发出材料汇总表如表 8-2 和表 8-3 所示。

表8-2 发出材料成本计算表

发出材料成本计算表

年　　　月

材料名称	期初结存		本期购入		加权平均单价	本期发出		期末结存	
	数量	金额（元）	数量	金额（元）		数量	金额（元）	数量	金额（元）
EP女士手表									
EP男士手表									
合计									

表8-3   发出材料汇总表

发出材料汇总表
年   月

项目	表盖		机芯		金属表带		合计
	数量	金额（元）	数量	金额（元）	数量	金额（元）	
EP女士手表							
EP男士手表							
合计							

(22) 2 月 28 日，分配工资、社会保险费、住房公积金。

(23) 2 月 28 日，分配制造费用。制造费用分配表如图 8-36 所示。

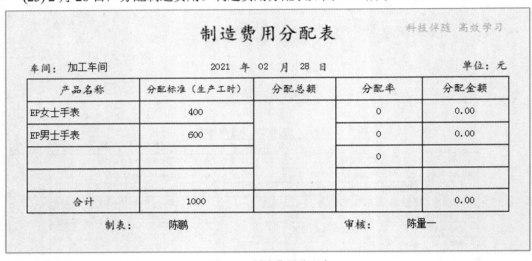

图8-36   制造费用分配表

(24) 2 月 28 日，结转完工产品成本(按定额成本法计算)。产品成本分配资料如表 8-4 所示，产成品入库单如图 8-37 所示，EP 女士手表产品成本计算表如图 8-38 所示，EP 男士手表产品成本计算表如图 8-39 所示。

表8-4   产品成本分配资料

产品名称	EP女式手表			EP男式手表		
	直接材料	直接人工	制造费用	直接材料	直接人工	制造费用
期初在产品数量	400			400		
本月投产数量	3300			3500		
在产品单位额定成本	195	50	8.25	199	55	8.5

产成品入库单

科技伴随 高效学习

交库单位: 加工车间　　　　2021 年 02 月 28 日　　　　仓库:
编号: 458

产品编号	产品名称	规格	计量单位	数量 送检	数量 实收	单位成本	总成本	备注
0201	EP女士手表		块	3300	3300		0.00	
0202	EP男士手表		块	3400	3400		0.00	

仓库主管: 邓朴遥　　　保管员: 刘明山　　　记账: 陈鹏　　　制单: 刘明山

图8-37 产成品入库单

产品成本计算单

科技伴随 高效学习

完工产品 3300

2021 年 02 月 28 日　　在产品

摘要	直接材料	直接人工	制造费用	合计
月初在产品成本				
本月发生费用				
月末在产品成本				
完工产品成本				
完工产品单位成本				

审核: 陈里一　　　　　　　　　　　　　制表: 陈鹏

图8-38 产品成本计算表(EP女士手表)

产品成本计算单

科技伴随 高效学习

完工产品 3400

2021 年 02 月 28 日　　在产品

摘要	直接材料	直接人工	制造费用	合计
月初在产品成本				
本月发生费用				
月末在产品成本				
完工产品成本				
完工产品单位成本				

审核: 陈里一　　　　　　　　　　　　　制表: 陈鹏

图8-39 产品成本计算单(EP男士手表)

(25) 2 月 28 日，结转销售商品成本。

(26) 2 月 28 日，计算并结转一月和二月增值税、计算城建税和教育费附加(填制两张凭证)。增值税计算表、税金及附加计算表如图 8-40 和图 8-41 所示。

备注：要求新增会计科目 22210108——转出未交增值税。

应交增值税计算表

2021 年 02 月 28 日　　　　　　单位：元

项目	进项税额	销项税额	进项税额转出	本月应交增值税
金额				

审核：　　　　　　　制单：

图8-40　增值税计算表

税金及附加计算表

2021 年 02 月 28 日　　　　　　单位：元

项目	计提基数			计提比例	计提金额
	增值税	消费税	合计		
城市维护建设税					
教育费附加					
合计					

审核：　　　　　　　制表：

图8-41　税金及附加计算表

(27) 2 月 28 日，结转损益(收入和费用分开制单)。

(28) 2 月 28 日，计算并结转所得税(填制两张凭证)。

(29) 2 月 28 日，审核、出纳签字、记账。

(30) 2 月 28 日，结账。

人员编号	姓名	部门	人员类别	基本工资	缴费工资	奖金	休息日加班天数	休息日加班工资	节假日加班天数	节假日加班工资	日工资	交通补贴	电话补贴	应发合计	养老保险	失业保险	医疗保险	住房公积金	应付工资	本月专项扣除	本月专项附加扣除	税前工资	实发合计	代扣税
101	肖建军	总经理办公室	总经理	18000	18000	0	0	0	0	0	827.59	500	500	18000	1440	36	360	900	19000	2736	0	16264	15926.08	337.92
102	刘明山	总经理办公室	管理人员	15000	15000	0	0	0	0	0	689.66	500	500	15000	1200	30	300	750	16000	2280	0	13720	13458.4	261.6
201	陈量一	财务部	财务主管	7000	7000	0	0	0	0	0	321.84	100	100	7000	560	14	140	350	7200	1064	0	6136	6101.92	34.08
202	陈鹏	财务部	财务人员	5000	5000	0	0	0	0	0	229.89	100	0	5000	400	10	100	250	5100	760	0	4340	4340	
203	何飞武	财务部	财务人员	4500	4500	0	0	0	0	0	206.9	100	0	4500	360	9	90	225	4600	684	0	3916	3916	
301	邓小昱	行政部	行政主管	6000	6000	0	0	0	0	0	275.86	100	100	6000	480	12	120	300	6200	912	0	5288	5279.36	8.64
302	左咏枚	行政部	行政人员	4500	4500	0	0	0	0	0	206.9	100	0	4500	360	9	90	225	4600	684	0	3916	3916	
401	陈铁勇	销售采购部	销售采购主管	3000	3000	17744.1	0	0	0	0	137.93	200	200	3000	240	6	60	150	21144.1	456	0	20688.1	20217.46	470.64
402	陈晓绮	销售采购部	销售采购人员	3000	3000	8040.9	0	0	0	0	137.93	200	200	3000	240	6	60	150	11440.9	456	0	10984.9	10805.35	179.55
403	刁端军	销售采购部	销售采购人员	3000	3000	1950	0	0	0	0	137.93	200	200	3000	240	6	60	150	5350	456	0	4894	4894	
501	邓朴遥	加工车间	车间主管	10000	10000	0	0	0	0	0	459.77	100	100	10000	800	20	200	500	10200	1520	0	8680	8569.6	110.4
502	曾向文	加工车间	车间主管	7000	7000	0	0	0	0	0	321.84	100	100	7000	560	14	140	350	7200	1064	0	6136	6101.92	34.08
503	张文辉	加工车间	EP男士手表工人	7000	7000	0	0	0	0	0	321.84	0	0	7000	560	14	140	350	7000	1064	0	5936	5907.92	28.08
504	刘军	加工车间	EP男士手表工人	6000	6000	0	0	0	0	0	275.86	0	0	6000	480	12	120	300	6000	912	0	5088	5085.36	2.64
505	马向东	加工车间	EP女士手表工人	6000	6000	0	0	0	0	0	275.86	0	0	6000	480	12	120	300	6000	912	0	5088	5085.36	2.64
506	胡中华	加工车间	EP女士手表工人	6000	6000	0	0	0	0	0	275.86	0	0	6000	480	12	120	300	6000	912	0	5088	5085.36	2.64
合计				111000	111000	27735	0	0	0	0	5103.46	2300	2000	111000	8880	222	2220	5550	143035	16872	0	126163	124690.09	1472.91

附件2：产成品成本计算表

EP女士手表产品成本计算

EP女士手表产品	直接材料	直接人工	制造费用	合计
月初在产品成本	4 626.76	21 800.42	5 574.06	32 001.24
本月发生费用	782 930	15 303.6	19 072.04	817 305.64
月末在产品成本	78 000	20 000	3 300	101 300
完工产品成本	709 556.76	17 104.02	21 346.1	748 006.88

EP男士手表产品成本计算

EP男士手表产品	直接材料	直接人工	制造费用	合计
月初在产品成本	86 783.83	24 804.82	8 232.38	119 821.03
本月发生费用	828 894	16 578.9	28 608.06	874 080.96
月末在产品成本	99 500	27 500	4 250	131 250
完工产品成本	816 177.83	13 883.72	32 590.44	862 651.99

附件3：记账凭证序时账

日期	凭证号数	科目编码	科目名称	数量	借方金额	贷方金额
2021.02.01	记-0001	100201	工行存款		508 500	
		1122	应收账款			508 500
2021.02.04	记-0002	560212	办公费		1 440	
		22210101	进项税额		187.2	
		1001	库存现金			1 627.2
2021.02.06	记-0003	122101	个人借款		3 500	
		1001	库存现金			3 500
2021.02.08	记-0004	222113	教育费附加		975	
		222108	应交城市维护建设税		2 275	
		222112	应交个人所得税		1 758.21	
		100201	工行存款			5 008.21
2021.02.09	记-0005	1402	在途物资		615 000	
		22210101	进项税额		79 950	
		220201	一般应付款			694 950
2021.02.10	记-0006	140301	表壳	3 000	120 000	
		140302	机芯	3 000	285 000	
		140303	金属表带	3 000	210 000	
		1402	在途物资			615 000
2021.02.12	记-0007	100201	工行存款		2 203 500	
		5001	主营业务收入			1 950 000
		22210106	销项税额			253 500

(续表)

日期	凭证号数	科目编码	科目名称	数量	借方金额	贷方金额
2021.02.15	记-0008	1601	固定资产		1 372 000	
		100201	工行存款			1 550 360
		22210101	进项税额		178 360	
2021.02.15	记-0009	1601	固定资产		328 160	
		100201	工行存款			370 820.8
		22210101	进项税额		42 660.8	
2021.02.16	记-0010	221102	应付奖金、津贴和补贴		32 035	
		100201	工行存款			129 948.96
		221101	应付职工工资		97 913.96	
2021.02.16	记-0011	224101	养老保险			8 880
		224102	失业保险			222
		224103	医疗保险			2 220
		224104	住房公积金			5 550
		222112	应交个人所得税			1 616.36
		221101	应付职工工资		18 488.36	
2021.02.17	记-0012	140301	表壳	3 500	212 941.83	
		140302	机芯	3 500	440 441.83	
		140303	金属表带	3 500	300 441.84	
		22210101	进项税额		114 043.83	
		220201	一般应付款			1 067 869.33
2021.02.17	记-0013	220201	一般应付款		1 067 869.33	
		100201	工行存款			1 067 869.33
2021.02.20	记-0014	224101	养老保险		20 120	
		224102	失业保险		503	
		224103	医疗保险		5 030	
		221104	应付社会保险费		81 671.25	
		100201	工行存款			107 324.25
2021.02.20	记-0015	221105	应付住房公积金		18 125	
		224104	住房公积金		12 575	
		100201	工行存款			30 700
2021.02.21	记-0016	1122	应收账款		706 250	
		5001	主营业务收入			625 000
		22210106	销项税额			81 250

(续表)

日期	凭证号数	科目编码	科目名称	数量	借方金额	贷方金额
2021.02.22	记-0017	140301	表壳	2 000	80 000	
		140302	机芯	2 400	240 000	
		140303	金属表带	2 000	130 000	
		220202	暂估应付款			450 000
2021.02.23	记-0018	220201	一般应付款		694 950	
		100201	工行存款			694 950
2021.02.25	记-0019	560303	现金折扣		14 125	
		100201	工行存款		692 125	
		1122	应收账款			706 250
2021.02.28	记-0020	4101	制造费用		25 600	
		560110	折旧		2 500	
		560210	折旧		6 736.35	
		1602	累计折旧			34 836.35
2021.02.28	记-0021	400101	直接材料		782 930	
		400101	直接材料		828 894	
		140301	表壳	7 200		344 664
		140302	机芯	6 800		728 960
		140303	金属表带	7 200		538 200
2021.02.28	记-0022	400102	直接人工		13 000	
		400102	直接人工		12 000	
		4101	制造费用		17 400	
		560107	员工工资		37 935	
		560209	员工工资		62 700	
		221101	应付职工工资			143 035
2021.02.28	记-0023	400102	直接人工		2 928.9	
		400102	直接人工		2 703.6	
		4101	制造费用		3 830.10	
		560107	员工工资		2 027.7	
		560209	员工工资		13 518	
		221104	应付社会保险费			25 008.3
2021.02.28	记-0024	400102	直接人工		650	
		400102	直接人工		600	
		4101	制造费用		850	
		560107	员工工资		450	
		560209	员工工资		3 000	
		221105	应付住房公积金			5 550

（续表）

日期	凭证号数	科目编码	科目名称	数量	借方金额	贷方金额
		400103	制造费用		19 072.04	
2021.02.28	记-0025	400103	制造费用		28 608.06	
		4101	制造费用			47 680.1
		140501	EP 女士手表	3 300	748 006.88	
		140502	EP 男士手表	3 400	862 651.99	
		400101	直接材料			709 556.76
		400102	直接人工			17 104.02
2021.02.28	记-0026	400103	制造费用			21 346.1
		400101	直接材料			816 177.83
		400102	直接人工			13 883.72
		400103	制造费用			32 590.44
		5401	主营业务成本		2 153 240	
2021.02.28	记-0027	140501	EP 女士手表	4 000		1 027 040
		140502	EP 男士手表	4 000		1 126 200
2021.02.28	记-0028	22210108	转出未交增值税		31 826.62	
		222102	未交增值税			31 826.62
		222108	应交城市维护建设税			2 227.86
2021.02.28	记-0029	222113	教育费附加			954.8
		5403	税金及附加		3 182.66	
2021.02.28	记-0030	3103	本年利润			2 575 000
		5001	主营业务收入		2 575 000	
		3103	本年利润		2 300 854.71	
		5401	主营业务成本			2 153 240
		5403	税金及附加			3 182.66
		560107	员工工资			40 412.7
2021.02.28	记-0031	560110	折旧			2 500
		560209	员工工资			79 218
		560210	折旧			6 736.35
		560212	办公费			1 440
		560303	现金折扣			14 125
2021.02.28	记-0032	222106	应交所得税			100 012.03
		5801	所得税费用		100 012.03	
2021.02.28	记-0033	3103	本年利润		100 012.03	
		5801	所得税费用			100 012.03
			合计：		**21 675 637.11**	**21 675 637.11**